お互いの想いが通じる贈与のために！

贈与

手続・申告 シンプルガイド

OAG税理士法人 編著

親子間・夫婦間でよくあるお金や不動産の贈与について、
税金がかかるかどうかを 50のQ&A で
専門知識のない方にもわかりやすく解説！

一般財団法人 大蔵財務協会

はじめに

　国税庁の公表（令和4年12月）によると、令和3事務年度（令和3年7月～令和4年6月）に行った贈与税の税務調査で申告漏れ等の非違があったもののうち、83.1％が無申告によるものでした。無申告が多い要因は、贈与税が発生することを意識せずに贈与を実行した方や、贈与があったとみなされることを知らずにお金や不動産のやりとりを行ってしまった方が多いためと考えられます。不動産の名義を他の親族に変更する、高価なモノを低額で譲渡するなどの行為は、贈与税の課税対象になるという意識が低くなりがちです。気づかず手続を進めてしまい、思わぬ課税を受けたという方もいらっしゃいます。

　また、最近の傾向として、インターネット上の情報をよく理解しないまま手続をしてしまったり、税理士に相談せずに手続を進めてしまう方が多く見受けられます。贈与税の申告及び納税の期限は、贈与を受けた翌年の3月15日ですが、この期限を過ぎると使えなくなってしまう特例もあります。定められた要件を一つでも満たさないと特例が使えないため、贈与を受ける方は、制度を正しく理解したうえで手続を行う必要があります。

　令和5年度の税制改正では、「相続税と贈与税の一体課税」の実現のため、贈与税について大きな改正が行われ、令和6年1月1日の贈与から適用されることとなりました。一つは、暦年課税の相続前贈与の加算期間の3年から7年への延長です。この改正により、令和5年中は、駆け込みでの贈与の増加が予想されます。もう一つは、相続時精算課税の使い勝手をよくするための基礎控除額110万円の創設です。長期的には早期の贈与を促進する効果をもつものと思われます。

　こうした大きな制度改正があるものの、贈与が成立する民法上の要件は変わりありません。民法上、贈与の成立には、贈与者と受贈者で贈与の意思が合致すること、受贈者が贈与財産を管理支配することが必要不可欠です。この要件を欠くと、贈与はそもそも成立しません。また、税法上のみなし贈与に該当するケースにも変わりはないため、こちらにも注意が必要です。

　本書では、これから贈与をする方や受けられる方を中心に、また贈与に携わる税理士事務所・金融機関・不動産会社等の皆様に、贈与税にまつわるよくある事例を確認いただけるよう4つのパートで構成しました。事例は、日常生活の素朴な疑問や住宅関連の贈与など、よく質問を受けるものを取り上げています。反面、特殊な事例や詳細な制度解説は割愛させていただきました。

本書を活用いただき、贈与者と受贈者との想いが通ずる贈与がなされることを心より祈念しております。また、贈与に関する仕事に携わる方々に役立つ書籍になれば幸いです。

　末筆になりましたが、本書の出版にあたり大蔵財務協会の皆様には大変お世話になりました。この場を借りて、厚く御礼申し上げます。

令和5年7月

OAG税理士法人

監修者・執筆者一同

※　本書は令和5年4月1日現在の法令等に基づいて執筆しています。令和6年1月1日から施行される改正についての解説は、【参考】等として記載しています。

も く じ

Part Ⅱ　贈与税の基本

① 贈与の基礎知識

② 贈与税の課税財産とみなし贈与

PartⅢ　ケーススタディ　贈与税のポイントと申告書の書き方

Part Ⅳ　申告書の提出と納税

① 申告書の提出　218

② 納税手続　222

Part V 参考資料

財務省パンフレット「令和5年度税制改正」（一部抜粋）　228

Part I

Q&A
これって贈与税がかかるの？

事例１：赤ちゃんに贈与できるか？

Q 先月、私に長男が誕生しました。父は、初孫の誕生を大変喜んでおり、「孫本人にまとまったお金を贈与したい」と言っています。

父の申し出をありがたく受けたいのですが、何もわからない赤ちゃんが贈与を受けることは可能でしょうか？

A 親権者であるあなたが同意すれば、贈与を受けることができます。

ただし、贈与されたお金を、あなたや祖父が勝手に使わないこと、長男が成人したら管理を任せることが必要です。

解　説

（１）贈与が成立するか？

贈与が成立するのは、次の３つの要件を満たしたときです。

要件１：あげる方（贈与者）が「あげます」という意思を示す。

要件２：もらう方（受贈者）が「もらいます」という意思を示す。

要件３：もらう方（受贈者）自身が贈与された財産を管理する。

もらう方（受贈者）が赤ちゃんや幼児の場合は、要件２と要件３を満たさないため贈与はできないように思われますが、親権者が贈与を受ける意思を示せば贈与は成立します。

本事例では、祖父と孫の親権者が贈与契約を結ぶことで贈与が成立します。

この場合、贈与の事実があったことを証明できるように贈与契約書（次ページ参照）を作成し、親権者である親が署名をして保存することが望まれます。

（２）贈与されたお金の管理は慎重に

贈与されたお金は孫の財産となりますが、孫が幼い場合は、自分の意思でお金を使うことができません。このため、親権者である親が、代わりにお金を管理することになるでしょう。

その場合の注意点は次のとおりです。

① 孫の成人後、速やかに管理を孫に任せる

② 祖父や親が贈与したお金を引き出して使用しない

孫へ贈与されたお金を孫の成人後も贈与者や親権者が管理し続けているような場合は、贈与が成立していないとみなされるリスクがあるので、注意してください。

（3）贈与税の申告

　年間110万円の基礎控除額を超えるなど、贈与税の申告が必要となる場合は、親権者が贈与税の申告を行う必要があります。

【参考】教育資金の一括贈与の非課税特例

　贈与税の非課税制度の一つに「教育資金の一括贈与の非課税特例」があります（134ページ参照）。この制度は、受贈者の年齢制限が30歳未満までとされているため、赤ちゃんへの設定も可能です。

　受贈者が赤ちゃんでも、しっかりと贈与することが可能であることを示す制度といえるでしょう。なお、「教育資金の一括贈与の非課税特例」は金融機関が手続を行うことになっているため、実際に行う際には金融機関に事前相談することを推奨します。

孫に贈与する場合の贈与契約書の例

贈与契約書

贈与者＿＿＿＿＿＿＿＿＿（甲）と受贈者＿＿＿＿＿＿＿＿＿（乙）とは、次のとおり贈与契約を締結した。

第１条　甲は、現金＿＿＿＿＿＿＿円を乙に贈与することを申し出て、乙はこれを受諾した。

第２条　甲は、前条記載の贈与財産を、令和＿＿年＿＿月＿＿日までに、乙の下記口座に振り込むものとする。

　　　　○○銀行○○支店　普通預金　○○○○○
　　　　口座名義人　乙

以上の通り契約が成立したことを証するため、本書２通を作成し、各自署名押印の上、保有する。

　令和　　年　　月　　日

　　　　　　　　　　　　贈与者（甲）
　　　　　　　　　　　　　住所
　　　　　　　　　　　　　氏名　　　　　　　　　　　　印

　　　　　　　　　　　　受贈者（乙）
　　　　　　　　　　　　　住所
　　　　　　　　　　　　　氏名　　　　　　　　　　　　印
　　　　　　　　　　　　　　　　　（親権者○○が代筆）

　　　　　　　　　　　　受贈者の親権者
　　　　　　　　　　　　　住所
　　　　　　　　　　　　　氏名　　　　　　　　　　　　印

　　　　　　　　　　　　受贈者の親権者
　　　　　　　　　　　　　住所
　　　　　　　　　　　　　氏名　　　　　　　　　　　　印

> 印は「実印」で
> 印鑑証明を添付する

4

事例2：認知症の親から贈与を受けられるか？

Q 　父は、数年前から認知症になりました。今では、親族が誰かもわからない程度に症状が進行しています。

　妹とも話し合い、今後の父の財産管理を目的として銀行預金の一部を長男である私と妹（長女）に贈与してもらうことにしました。

　父の承諾は得られていませんが、問題はないでしょうか？

A 　父に贈与するという意思能力がないため、あなたや妹が生前贈与を受けることはできません。

解　説

（1）贈与が成立するか？

　贈与が成立するのは、次の3つの要件を満たしたときです。

要件1：あげる方（贈与者）が「あげます」という意思を示す。

要件2：もらう方（受贈者）が「もらいます」という意思を示す。

要件3：もらう方（受贈者）自身が贈与された財産を管理する。

　あげる方（贈与者）が認知症の場合は、症状の程度によっては、財産を他人にあげるという判断をできない可能性があります。この場合、医師の診断を受けるなどして、贈与をする意思能力（自分がした行為の結果を正常に判断できる能力）があるか確認しなければなりません。

　本事例では、家族が誰かを認識できない程度に認知症が進んでいます。こうした場合は、贈与をする意思能力は備わっていないと判断される可能性が高くなります。

　したがって、要件1と要件2を満たすことができないため贈与は成立しないことになりますので、親族だけで贈与を決めることはできません。

（2）認知症の父の銀行預金は引き出せない？

　本事例では、認知症の父の銀行預金を財産管理を目的として親族が引き出そうとしていますが、銀行は引き出しに応じない可能性があります。

　銀行は、本人の意思能力がない場合は、原則として、認知症の方の法的な代理人として選任された成年後見人による引き出しを求めますので、家族による代理の引き出しには応じず、場合によっては預金者の財産を守るために預金口座を凍結することもあります。

　成年後見人を選任するためには、家庭裁判所の審判を受けるなどの手続が必要となります。

　なお、成年後見人が選任されていない場合であっても、認知症の方の生活費や入院費、介護施設費用等でやむを得ずお金が必要な場合は、家族からの引き出しに応じる場合があります。

（3）認知症になる前の対策の検討を

　認知症になる前に次のような制度を活用することで、もし本人が認知症になっても、信頼する家族へ財産管理を任せることができます。

①　任意後見制度

　本人が元気なうちに、あらかじめ本人自らが選んだ人（成年後見人）に、代わりにしてもらいたいことを契約（任意後見契約）で決めておく制度です。

②　民事信託

　本人（委託者）が元気なうちに、本人の財産（預金や不動産など）を信頼できる子など（受託者）に託して、名義を変更しておくことで、本人（委託者）が認知症を発症しても、信託の内容に基づき、受託者が財産の管理を続けることができる制度です。

【参考】一般社団法人全国銀行協会の指針（抜粋）

　親族等による無権代理取引は、本人の認知判断能力が低下した場合かつ成年後見制度を利用していない（できない）場合において行う、極めて限定的な対応である。成年後見制度の利用を求めることが基本であり、成年後見人等が指定された後は、成年後見人等以外の親族等からの払出し（振込）依頼には応じず、成年後見人等からの払出し（振込）依頼を求めることが基本である。

（出典）一般社団法人全国銀行協会「金融取引の代理等に関する考え方および銀行と地方公共団体・社会福祉関係機関等との連携強化に関する考え方について（令和3年2月18日付）」

事例３：贈与契約書は作るべき？

Q 　父から現金を贈与してもらうことになりました。インターネットで調べると、「贈与契約書がないと、贈与が無効になる」と書いてありましたが、本当なのでしょうか？

　私の場合も、贈与契約書は作るべきでしょうか？

A 　あなたと父との間で、贈与の意思が互いに示されており、現金を実際に受け取っているのであれば、贈与契約書がなくても、贈与は有効に成立します。

　ただし、贈与が成立した点を明確にするために、贈与契約書を作成したほうがより確実になります。

解　説

（１）贈与契約書は作るべき？

　贈与契約書がなく、口頭であっても、次の３つの要件を満たしていれば、贈与は有効に成立します。

要件１：あげる方（贈与者）が「あげます」という意思を示す。

要件２：もらう方（受贈者）が「もらいます」という意思を示す。

要件３：もらう方（受贈者）自身が贈与された財産を管理する。

　ただし、贈与後に、「本当に贈与が成立していたか？」の立証を求められる場合があります。このため、贈与契約書を作成し、保管したほうがよいでしょう。

（２）贈与契約書の記載内容

　贈与契約書には、主に次の事項を記載します。

・贈与者の氏名と住所

・受贈者の氏名と住所

・贈与契約を締結した日付

・実際に贈与する日付

・贈与した財産の内容や金額

・贈与財産を受贈者に渡す方法

贈与契約書の例

贈与契約書

贈与者_____（甲）と受贈者_____（乙）との間で次のとおり贈与契約を締結した。

第１条　　甲はその所有する金 ○○万円を乙に贈与することとし、乙はこれを受諾した。

第２条　　甲は上記財産を令和　年　月　日までに乙の指定口座に振り込むものとする。

以上の通り契約が成立したことを証するため、本書２通を作成し、各自署名捺印のうえ、保有する。

令和　年　月　日

　　　　　　　　　　　　　　　贈与者　甲（住所）
　　　　　　　　　　　　　　　　　　　（氏名）　　　　　　　　㊞

　　　　　　　　　　　　　　　受贈者　乙（住所）
　　　　　　　　　　　　　　　　　　　（氏名）　　　　　　　　㊞

印は「実印」で
印鑑証明を添付する

　また、贈与者と受贈者双方の押印を残したほうがよいでしょう。印鑑登録している実印を押印して、印鑑証明書と一緒に保管することで、より信頼性が高まります。

（3）注意点

　贈与契約書は、内容を正確に記載する必要があります。専門家に依頼して作成することが望ましいでしょう。

　なお、贈与契約書は、贈与契約が正しく成立した事実を後から立証できるように作成するものです。贈与者の代わりに代筆で作成した場合、無断で押印した場合、後から日付をさかのぼって作成するなどの行為は、贈与が正しく成立していないことを示す行為といえ、法的な問題があります。

【参考】公証役場で確定日付をもらうことも有効

　公証役場では、その日にその文書が存在していたことを証明するために「確定日付」という日付のある印章を押印してもらうことができます。1件につき、手数料は700円です。

　贈与契約書が、日付をさかのぼって作成されたものではない点を明確にする場合には、確定日付をもらうことが有効です。

事例4：口約束でも贈与は成立する？

Q　私は、会社の懇親会の席で、後輩に「使わなくなったゴルフクラブがあるので、欲しければあげるよ。来週の土曜日に自宅に取りにおいで」と伝えました。すると、後輩は「ありがとうございます。土曜日に取りに伺います」と返事をしました。

　翌日、よく考えると、思い入れのあるゴルフクラブなので、やっぱり後輩にはあげたくないと思うようになりました。

　後輩と口約束したのですが、贈与は成立してしまいますか？

A　口約束による贈与の場合は、贈与財産の受渡しをする前であれば、契約後でも、一方的に解除することができます。よって、あなたがゴルフクラブをあげる必要はありません。

解　説

　民法では、口約束でも贈与は成立するとされています。ただし、口約束の場合は、当事者双方が冷静な判断をせずに、贈与の意思を示してしまう場面も多いでしょう。このため、口約束の贈与は、実際に贈与財産を受渡しする前であれば、当事者双方が解除できると定められています。

　本事例の場合は、相談者から「やはりゴルフクラブは渡せない」と解除することができます。また、後輩からも「やはりゴルフクラブは受け取れません」と解除することもできます。

　なお、贈与契約書を作成した場合は、一方的に解除することはできません。重要な贈与契約の場合は、贈与契約書を作成することが望まれます。

事例5：将来、孫が20歳になった時に贈与できるか？（期限付贈与）

Q 私（19歳）は大学生です。以前から祖父（68歳）に「20歳になったらお金を渡す」と言われています。来年に20歳となりますが、この場合、私に贈与税がかかりますか？

A あなたが20歳になり、祖父から贈与を受けたお金が、誕生日祝い、成人祝いとしての意味合いのものであり、社会通念上相当と認められる範囲内のものであれば、贈与税はかかりません。

解　説

（1）期限付贈与

　贈与によって財産が移転する際に、期限が設定されているものを期限付贈与といいます。「○○歳になったら、お金をあげる」という契約では、○○歳になるという将来の発生が確実な期限を契機として贈与の効果が発生します。

（2）いつ贈与の効力が発生するのか？

　期限付贈与の場合、条件が成立したとき、つまり孫が20歳になったときに効力が発生します。本事例の場合、事前に贈与すると言われていたとしても、孫が20歳になった時点で初めて贈与の効力が発生します。

（3）一般的な金額や価値であれば贈与税はかからない

　結婚や入学のお祝い、仕事の取引先から贈られるお中元・お歳暮、通夜や葬儀に参列した方から供えられる香典など、日常生活の様々な場面において金品をもらうことがあります。

　これらの行為は贈与に当たりますが「個人から受ける香典、花輪代、年末年始の贈答、祝物又は見舞いなどのための金品で、社会通念上相当と認められるもの」について贈与税はかからないとされています。

　このため、本事例での贈与が成人祝いや20歳の誕生日祝いとしての意味合いであり、金額や価値が常識の範囲内であれば社会通念上相当と認められるため、贈与税はかかりません。

　ただし、金額や価値が高すぎる場合は、社会通念上相当と認められず贈与税が

かかります。個々の事例に応じて判断をする必要がありますが、もしも「成人祝いや20歳の誕生日祝いとして数百万円をもらう」という場合には、贈与税がかかると思われます。

事例6：孫が大学に合格する条件で贈与できるか？（条件付贈与）

 Q　私（16歳）は高校生です。以前から祖父（65歳）に「K大学の医学部に合格したらお金を渡す」と言われています。医者一家の家系で、祖父と父と兄に続き、私がK大学医学部に入学することが祖父の長年の夢でもあります。

　私が将来、K大学の医学部に合格したときに、私に贈与税がかかりますか？

A　あなたが祖父から贈与を受けたお金が、合格祝いとしての意味合いのものであり社会通念上相当と認められる範囲内のものであれば、贈与税はかかりません。

解　説

（1）条件付贈与

　贈与によって財産が移転する際に条件が設定されているものを条件付贈与といいます。本事例では、「孫がK大学医学部に合格する」ことを条件として、贈与の効果が発生します。そのため、事前に贈与すると言われていたとしても、実際に孫がK大学医学部に合格したという事実を満たして初めて贈与の効力が発生します。

（2）一般的な金額や価値であれば贈与税はかからない

　結婚や入学のお祝い、仕事の取引先から贈られるお中元・お歳暮、通夜や葬儀に参列した方から供えられる香典など、日常生活の様々な場面において金品をもらうことがあります。

　これらの行為は贈与に当たりますが「個人から受ける香典、花輪代、年末年始の贈答、祝物又は見舞いなどのための金品で、社会通念上相当と認められるもの」について贈与税はかからないとされています。

　このため、本事例での贈与が合格祝いや入学祝いとしての意味合いであり、金額や価値が常識の範囲内であれば社会通念上相当と認められるため、贈与税はかかりません。

　ただし、金額や価値が高額すぎる場合は、社会通念上相当と認められず贈与税がかかります。個々の事例に応じて判断をする必要がありますが、もしも「合格祝いとして数百万円をもらう」場合は、贈与税がかかると思われます。

事例7：高級外車を買うのに親から500万円もらったら？

 私は大学3年生（21歳）で、今年の夏に運転免許を取得しました。

自分の車を欲しいと思っていたところ、父（60歳）から高級外車の購入資金として500万円をもらいました。

SNSなどで「親からもらったお金には贈与税がかかる」ということを知りましたが、私の場合はどうなるのでしょうか。

私が今年贈与を受けたものは、父からの500万円だけです。

 あなたがもらった500万円は、贈与税の対象となります。

解　説

　贈与税の課税方式には「暦年課税」と一定の要件を満たせば選択できる「相続時精算課税」の2つがあります。本事例では「相続時精算課税」の要件を満たすため、いずれかの方法で贈与税を申告することになります。

（1）暦年課税

　原則的な方式です。1月1日から12月31日までの1年間（暦年）にもらった財産が課税対象です。ただし、年間110万円の基礎控除額が設けられています。1年間にもらった財産の合計額が110万円を超えない場合には、贈与税はかかりません。

　今回の事例では、父から500万円を贈与されており、他に贈与を受けていないため、贈与税額は48万5,000円となります。

贈与税額（暦年課税）の計算

　500万円－基礎控除額110万円＝390万円

　390万円×税率（特例税率）15％－10万円＝48万5,000円

（2）相続時精算課税

　この方式は、原則として、贈与があった年の1月1日において60歳以上の親（または祖父母）から、同日において18歳以上の子（または孫）が財産をもらった場合に選択できます。

　贈与者が亡くなったときに、生前に贈与を受けた財産を相続財産に合計して相続税を計算し、相続税から贈与時に納めた贈与税を控除する方法です。

　贈与時において2,500万円の特別控除額が設けられているため、生前に贈与された財産の累計額が2,500万円の範囲までは、贈与税がかかりません。もし、累計額が2,500万円を超えた場合には、超えた部分について一律20％の税率で贈与税がかか

ります。

　本事例では、贈与があった年の1月1日時点で、父が60歳、子が21歳のため、年齢要件を満たします。そして、贈与額500万円は2,500万円の特別控除額の範囲内のため、贈与税はかかりません。

贈与税額（相続時精算課税）の計算

　500万円≦特別控除額2,500万円　∴贈与税額ゼロ

　※　翌年以降に繰り越される特別控除額

　　2,500万円－500万円＝2,000万円

（3）留意点

　本事例では、暦年課税と相続時精算課税を選択することができます。ただし、相続時精算課税を一度選択すると暦年課税に戻れない点や、父親から今後も贈与を受ける場合や父親が死亡した際の相続税に影響があるため、十分に考えたうえで選択する必要があります。

〈ポイント1〉父が所有している車をもらったら？

　車の購入資金ではなく、父が所有している中古車をもらった場合はどうなるでしょうか。

　この場合は、贈与時の中古車の時価（相続税評価額）により、贈与税を計算することとなります。

　中古車以外に贈与を受けた財産がなく、相続時精算課税を選択しない場合は、110万円以下の価格であれば、贈与税はかかりません。

　なお、贈与時の中古車の時価は、買取業者の査定価格などにより求める必要があります。

車を贈与された時、贈与税の対象かどうかの判断方法

〈ポイント２〉就職祝いの500万円で車を買ったら？

例えば、祖父が、今年の春に新社会人になる孫に「就職祝い」として500万円を贈与したとします。このお金で孫が高級外車を購入する場合も、贈与税の対象となるのでしょうか。

贈与税は、原則として贈与を受けたすべての財産に対してかかるため、お祝い金も対象となりますが、「個人から受ける香典、花輪代、年末年始の贈答、祝物または見舞いなどのための金品で、社会通念上相当と認められるもの」には贈与税がかかりません。

各家庭の経済状況や慣習を踏まえて判断する必要がありますが、祖父が孫に就職祝いとして500万円の現金を渡すことは、社会通念上相当と認められないと判断される可能性があります。

このため、贈与税が課税される可能性があります。

【参考】令和６年１月１日以後の贈与

令和５年度税制改正では、相続時精算課税制度の使い勝手を向上させるため、暦年課税と同様に相続時精算課税にも毎年110万円の基礎控除が設けられました。

本事例が令和６年１月１日以後の贈与で、相続時精算課税を選択する場合、基礎控除額と特別控除額の範囲内のため、贈与税はかかりません。

贈与税額（相続時精算課税）の計算

① 500万円−基礎控除額110万円＝390万円

② 390万円≦特別控除額2,500万円 ∴贈与税額ゼロ

※ 翌年以降に繰り越される特別控除額
2,500万円−390万円＝2,110万円

事例8：子どもがお年玉をもらったら？

Q 　小学生の長男は、父方、母方の両方の祖父母からお年玉をもらっています。お年玉の金額は一人5,000円から10,000円です。

　長男には、贈与税はかからないのでしょうか？

A 　お年玉について、社会通念上相当と認められる範囲内の金額であれば、贈与税はかかりません。

解　説

（1）一般的な金額のお年玉に贈与税はかからない

　お年玉は、両親や祖父母などが、正月に子どもに現金をあげる日本古来の慣習です。

　お年玉をあげることは子どもへの現金の贈与にあたりますが、「個人から受ける香典、花輪代、年末年始の贈答、祝物又は見舞いなどのための金品で、社会通念上相当と認められるもの」について贈与税はかからないとされています。

　このため、金額が常識の範囲内のお年玉であれば社会通念上相当と認められるため、贈与税はかかりません。

　ただし、金額が高額すぎる場合は、社会通念上相当と認められず、贈与税がかかります。個々の事例に応じて判断をする必要がありますが「お年玉として1,000万円をもらう」場合などは、贈与税がかかると思われます。

（2）社会通念上相当であれば、110万円の非課税枠は考えない

　お年玉について、社会通念上相当と認められる範囲内のものであれば暦年贈与の非課税枠（年間110万円）を気にする必要はありません。

　仮に1万円のお年玉を親戚10人からもらい10万円になっても、「お年玉を10万円もらったから、今年はあと100万円贈与を受けても大丈夫」と考える必要はありません。

（3）お年玉は貯蓄しても大丈夫

　贈与税がかからない場合の類似事例として、扶養義務者相互間において生活費や教育費として必要なお金をその都度もらう場合があります。

　この場合、もし、生活費や教育費としてもらったお金が使われずに、預貯金として残っている場合は、正しく使われなかったことになり、贈与税がかかってしまいます。

　一方、お年玉をもらった場合は、使わずに預貯金として貯蓄しても、贈与税はかかりません。

事例９：孫が大学の入学金や授業料を祖父からもらったら？

Q 私（18歳）は今年の４月から大学生になります。

入学手続に際して必要な入学金と授業料はすべて祖父（65歳）に支払ってもらい、あとは入学式に臨むのみです。

この場合、私は贈与税を支払う必要があるのでしょうか？

A あなたが祖父に負担してもらった入学金と授業料は、教育費として通常必要なものとして認められますので、贈与税はかかりません。

解　説

（１）贈与税が非課税となるもの

　大学進学に伴う入学金や授業料を、本事例のように親や祖父母に資金負担してもらった場合は、「扶養義務者相互間において、生活費または教育費に充てるために贈与した財産で通常必要と認められるもの」として贈与税はかかりません。

　「生活費または教育費に充てるため」とは必要な都度直接これらに充てることをいいますので、本事例のような入学手続の際の支払であれば問題ありません。しかし、生活費や教育費の名目であっても一括して贈与されたものを一時預金した上で、都度取り崩して使うような場合には贈与税がかかる可能性があると考えられます。

　また、贈与税がかからないものは「通常必要であるもの」に限られますが、学校の授業料や入学金の類は基本的に贈与税がかかることはありません。

（２）教育資金の一括贈与の非課税特例

　子や孫の学校の入学金や授業料の支払目的が前提の贈与であれば、別途、教育資金の一括贈与の非課税特例を使って最大1,500万円までを非課税にすることができます。その場合、税務署への手続は不要ですが、金融機関で所定の手続を行う必要があります。詳しくは、134ページをご参照ください。

【参考】奨学金を使った場合

　奨学金制度を使って入学金や授業料を支払う場合もありますが、こちらは贈与ではなく借入なので、贈与税の対象ではありません。卒業後の勤労を通じて利息とともに返済していくことになります。

事例10：孫が結婚費用を祖父からもらったら？

　私は、先月、妻と入籍しました。来月に結婚式を控えています。結婚式は、両家の親族と友人が参列する一般的なプランで300万円かかりますが、祖父が全額を支払ってくれる予定です。

　また、新居の家具・寝具・家電の購入資金として、父から100万円を現金でもらいました。

　この場合、私に贈与税はかかるのでしょうか？

　贈与税はかかりません。ただし、結婚式の費用や家具家電の購入資金として贈与されたお金を別の目的に使った場合は、贈与税がかかります。

解　説

　結婚に際しては、結婚式の開催費用、新生活を送るための家具・寝具・家電製品の購入などで多くの出費が必要となります。

　こうした出費については、新郎新婦の父母や祖父母が援助してくれるケースがよくあります。また、結婚式に参列した親族や友人からご祝儀をもらうこともあります。

　これらの行為は贈与にあたりますが、次のような場合であれば、「社会通念上相当」と認められるため、贈与税はかかりません。

① 結婚式の開催費用

　新郎新婦の父母や祖父母などが、結婚式の内容、参加人数、地域の慣習などに応じて、負担した場合

② ご祝儀

　相場から乖離していない一般的なご祝儀をもらった場合

③ 家具・寝具・家電製品等の贈与

　結婚後の生活を営むために家具・寝具・家電製品等、通常の日常生活に必要な物品の贈与を受けた場合

　または、上記の購入費用としてお金をもらった場合

　ただし、あくまでも結婚式関連の支出に使うことが求められるので、結婚式関連の目的でもらったお金が使われず預貯金として残っている場合や、他の目的に使った場

合は、贈与税がかかるためご留意ください。

〈ポイント〉

　結婚というイベントが生じた際に、必要な金額をその都度贈与することが、贈与税がかからないポイントです。

　なお、事前に一括して贈与できる「結婚・子育て資金の一括贈与の非課税特例」があります。詳しくは139ページをご参照ください。

　また、結婚祝としてお金をもらう場合については、事例11をご参照ください。

事例11：結婚祝、入学祝、お中元、お歳暮、香典をもらったら？

　　親戚、友人、会社の同僚からもらう下記のようなものに対して、贈与税はかかるのでしょうか？

結婚祝	結婚のお祝いとして、新郎新婦に贈られる金品
入学祝	入学のお祝いとして、子どもに贈られる金品
お中元	夏の暑い時期に、日頃お世話になっている方に感謝の気持ちを込めて贈呈されるもの
お歳暮	年末に、日頃お世話になっている方に感謝の気持ちを込めて贈呈されるもの
香典	通夜又は葬儀において、故人の霊前に供えられる金品

A　　結婚祝、入学祝、お中元、お歳暮、香典について、社会通念上相当と認められる範囲内のものであれば、贈与税はかかりません。

解　説

（1）一般的な金額や価値であれば贈与税はかからない

　結婚や入学のお祝い、仕事の取引先から送られるお中元・お歳暮、通夜や葬儀に参列した方から供えられる香典など、日常生活の様々な場面において金品をもらうことがあります。

　これらの行為は贈与にあたりますが「個人から受ける香典、花輪代、年末年始の贈答、祝物または見舞いなどのための金品で、社会通念上相当と認められるもの」について贈与税はかからないとされています。

　このため、金額や価値が常識の範囲内であれば社会通念上相当と認められるため、贈与税はかかりません。

　ただし、金額や価値が高額すぎる場合は、社会通念上相当と認められず贈与税がかかります。個々の事例に応じて判断をする必要がありますが、「結婚祝や入学祝として1,000万円をもらう場合」「お中元やお歳暮として高級車をもらう場合」などは贈与税がかかると思われます。

（2）社会通念上相当であれば、110万円の非課税枠は考えなくてよい

　結婚祝、入学祝、お中元、お歳暮、香典について社会通念上相当と認められる範囲内のものであれば、暦年贈与の非課税枠（年間110万円）を気にする必要はありません。

　仮に、結婚祝を親戚や友人から合計で50万円もらったとしても「結婚祝を50万円もらったから、今年はあと60万円贈与を受けても大丈夫」と考える必要はありません。

（3）もらった金品を使わなくても大丈夫

　結婚祝、入学祝、お中元、お歳暮、香典は、お祝いやお悔みを伝えることを目的としているため、使わずにそのまま保管しても贈与税はかかりません。

　なお、贈与税がかからない場合の類似事例として、扶養義務者相互間において生活費や教育費として必要なお金をその都度もらう場合や結婚費用をもらう場合があります。この場合は、生活費・教育費・結婚費用にお金を使うことが求められます。使わずに預貯金として残っている場合や、他の目的に使った場合は、贈与税がかかるためご留意ください。

　結婚費用としてお金をもらう場合は事例10をご参照ください。

事例12：大学生が親から仕送りをもらったら？

 私（18歳）は今年の４月から徳島県の大学に入学します。東京都内の実家を離れ、徳島での一人暮らしとなります。

その際に徳島での生活費として、毎月10万円が父（50歳）の預金口座から私の預金口座に振り込まれることになっています。

この場合、毎月父から振り込まれるお金について、贈与税がかかるのでしょうか？

あなたが父から生活費としてもらったお金は、生活費または教育費として通常必要なものとなりますので、贈与税はかかりません。

解　説

　例えば遠隔地にある大学進学に伴う生活費について、本事例のように親に資金負担をしてもらった場合は、「扶養義務者相互間において、生活費または教育費に充てるために贈与した財産で通常必要と認められるもの」として贈与税はかかりません。

　ただ、「生活費または教育費に充てるため」とは必要な都度直接これらに充てることをいいますので、本事例のような定期的な小口規模の振込みであれば問題ありません。しかし、生活費や教育費の名目であっても一括して贈与されたものを一時預金した上で、都度取り崩して使うような場合には贈与税がかかる可能性があると考えられます。

　また、贈与税がかからないものは「通常必要であるもの」に限られるため、例えば大学生や大学院生が、同年代の会社員の給与水準以上の金額を仕送り等でもらっていれば、贈与税がかかる可能性があります。

事例13：子どもが数年分の生活費をまとめてもらったら？

 私（18歳）は今年の４月から実家を離れて宮城県の大学に入学します。それに先立ち４月１日付で、祖父（68歳）が宮城での生活費として500万円を私の預金口座に振り込んでくれました。

祖父からは、概算の生活費を年間100万円と想定して、５年分の500万円と聞いています。この場合、私は贈与税を納める必要があるのでしょうか？

あなたが祖父から受け取った500万円は、生活費や教育費の名目であっても一括して贈与されていますので、贈与税がかかります。

解　説

（１）贈与税が非課税となるもの

原則として、「扶養義務者相互間において、生活費または教育費に充てるために贈与した財産で通常必要と認められるもの」には贈与税はかかりません。

ただ、「生活費または教育費に充てるため」とは必要な都度直接これらに充てることをいいますので、本事例のように、生活費や教育費の名目であっても一括して贈与されたものについては、贈与税がかかる可能性があると考えられます。

（２）暦年課税と相続時精算課税

贈与税の課税方式には「暦年課税」と「相続時精算課税」の２つがあります。

① 暦年課税

原則的な方式です。１月１日から12月31日までの１年間（暦年）にもらった財産が課税対象です。ただし、年間110万円の基礎控除額が設けられています。１年間にもらった財産の合計額が110万円を超えない場合には、贈与税はかかりません。

本事例では祖父から500万円を贈与されており、他に贈与を受けていない限り、贈与税額は48万5,000円となります。

贈与税額（暦年課税）の計算

500万円－基礎控除額110万円＝390万円

390万円×税率（特例税率）15％－10万円＝48万5,000円

② 相続時精算課税

　この方式は、原則として、贈与があった年の1月1日において60歳以上の親（または祖父母）から、同日において18歳以上の子（または孫）が財産をもらった場合に選択できます。

　贈与者が亡くなったときに、生前に贈与を受けた財産を相続財産に合計して相続税を計算し、相続税から贈与時に納めた贈与税を控除する方法です。

　贈与時において2,500万円の特別控除額が設けられているため、生前に贈与された財産の累計額が2,500万円の範囲までは、贈与税がかかりません。もし、累計額が2,500万円を超えた場合には、超えた部分について一律20％の税率で贈与税がかかります。

　本事例では、贈与があった年の1月1日時点で、祖父が68歳、孫が18歳のため、年齢要件を満たします。そして贈与額500万円は2,500万円の特別控除額の範囲内のため、贈与税はかかりません。

贈与税額（相続時精算課税）の計算

500万円≦特別控除額2,500万円　∴贈与税額ゼロ

※　翌年以降に繰り越される特別控除額

　2,500万円－500万円＝2,000万円

③ 相続時精算課税の留意点

　本事例では、暦年課税と相続時精算課税を選択することができます。ただし、相続時精算課税を一度選択すると、祖父からの贈与について暦年課税に戻れません。祖父から今後も贈与を受ける場合や祖父が死亡した際の相続税に影響があるため、十分に考えたうえで選択する必要があります。

〈ポイント〉贈与税がかからないようにするには？

　本事例では5年分をまとめて贈与したために、贈与税がかかることになりました。例えば月に10万円ずつを生活費として振り込むような渡し方であれば、贈与税がかからずに済みます。

┌─**【参考】令和6年1月1日以後の贈与**─────────────

　令和5年度税制改正では、相続時精算課税制度の使い勝手を向上させるため、暦年課税と同様に相続時精算課税にも毎年110万円の基礎控除が設けられました。

　本事例が令和6年1月1日以後の贈与で、相続時精算課税を選択する場合、基礎控除額と特別控除額の範囲内のため、贈与税はかかりません。

贈与税額（相続時精算課税）の計算

① 500万円－基礎控除額110万円＝390万円

② 390万円≦特別控除額2,500万円 ∴贈与税額ゼロ

※ 翌年以降に繰り越される特別控除額

2,500万円－390万円＝2,110万円

事例14：子どもが親から生活費としてもらったお金で株を買ったら？

Q　私（21歳）は大学生で、実家を離れて一人暮らしをしています。父（51歳）が生活費として毎月10万円を私の預金口座に振り込んでくれますが、この生活費として今まで受け取ったお金を貯めて200万円の米国株式を買いました。

　この場合、私は贈与税を納める必要があるのでしょうか？

A　父から生活費としてもらっていたものを貯めたお金であっても、200万円は米国株式の購入資金として受け取ったものとして、贈与税がかかります。

解　説

（1）贈与税が非課税となるもの

　原則として「扶養義務者相互間において、生活費または教育費に充てるために贈与した財産で通常必要と認められるもの」には贈与税はかかりません。

　ただし「生活費または教育費に充てるため」とは必要な都度直接これらに充てることをいいますので、本事例のように、生活費や教育費に使うのではなく株式や車、不動産等の購入に充てた場合や、生活費や教育費の名目であっても一括して贈与されたものを預金していた場合には贈与税がかかります。

（2）贈与税額の計算

　本事例の場合は、父の年齢が60歳未満のため、相続時精算課税は選べません。暦年課税となり、1月1日から12月31日までの1年間（暦年）にもらった財産が課税対象です。ただし、年間110万円の基礎控除額が設けられています。1年間にもらった財産の合計額が110万円を超えない場合には、贈与税はかかりません。

　本事例では米国株式購入時に父から200万円の贈与を受けた扱いとなり、他に贈与を受けていない限り、贈与税額は9万円となります。

贈与税額（暦年課税）の計算

　200万円－基礎控除額110万円＝90万円

　90万円×税率（特例税率）10％＝9万円

〈ポイント〉贈与税以外にかかる税金

　本事例では、贈与されたお金を元手に米国株式を購入していますので、その米国株式から生ずる分配金については所得税と住民税がかかることもあります。その米国株式を将来売却する場合や取引内容によっては、所得税の確定申告を行う必要が生じます。

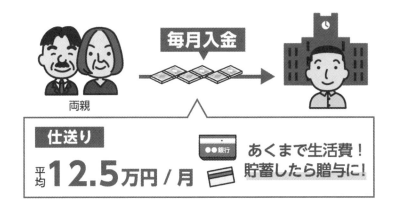

事例15：子どもが住む賃貸住宅の家賃を親が負担したら？

 Q　私（22歳）は今年の4月から社会人になりました。実家を離れ、東京の会社に勤務するため都内の賃貸マンションに住んでいます。

初任給は高く、自分で払うことも十分可能ではありますが、入居に伴う費用や家賃は父に援助してもらいました。

今年に父（55歳）に支払ってもらったお金は、契約を結んだ時の礼金25万円、不動産会社への仲介手数料15万円、4月分から12月分の家賃72万円の、合計112万円です。私は、贈与税を納めなければならないでしょうか？

A　あなたが父に負担してもらった家賃等の112万円には、贈与税がかかります。

解　説

（1）贈与税が非課税となるもの

原則として「扶養義務者相互間において、生活費または教育費に充てるために贈与した財産で通常必要と認められるもの」については贈与税はかかりません。

このため、子どもの収入が少なく、自分の資力では家賃を負担することができない事情があるため、親が家賃を負担する場合は、贈与税はかかりません。ただし、そうした事情がないのに、親が家賃を負担した場合は、贈与税がかかります。

（2）贈与税額の計算

本事例の場合は、父の年齢が60歳未満のため、相続時精算課税は選べません。暦年課税となり、1月1日から12月31日までの1年間（暦年）にもらった財産が課税対象となります。ただし、年間110万円の基礎控除額が設けられています。1年間にもらった財産の合計額が110万円を超えない場合には、贈与税はかかりません。

本事例では父から112万円の贈与を受けたとして、他に贈与を受けていない限り、贈与税額は2,000円となります。

贈与税額（暦年課税）の計算

112万円－基礎控除額110万円＝2万円

2万円×税率（特例税率）10％＝2,000円

〈ポイント１〉あなたが大学生だったら？

　あなたが大学生で、遠隔地にある大学進学に伴う賃貸住宅の家賃等について、本事例のように親に資金負担をしてもらった場合はどうなるでしょうか。

　その場合は、「扶養義務者相互間において、生活費または教育費に充てるために贈与した財産で通常必要と認められるもの」として贈与税はかかりません。ただし、贈与税がかからないのは「通常必要と認められるもの」に限られるので、例えば大学生が高級タワーマンションに住み、親が家賃を支払っている場合は、贈与税がかかる可能性があります。

〈ポイント２〉親から貸してもらったと考えた場合は？

　例えば、就職前で現金がなかったため、一時的にお金を立て替えてもらい、速やかに精算を行うのであれば贈与税はかかりません。また、お金の貸し借りであれば贈与税はかかりませんが、その際には金銭消費貸借契約を交わし、適正な利息計算や返済方法を定めていることが前提となります。「あるとき払い」[注1]や「出世払い」[注2]のような支払方法では、贈与と見られる可能性があります。

　一方でお金を貸した親に対しては、貸付金利息の収入があると見られ、雑所得として確定申告の対象となり、所得税と住民税がかかります。

（注１）「お金を借りた人が、金銭面の余裕があるときに、好きな金額を返済すればよい」という状態をいいます。
（注２）「お金を借りた人が、将来、仕事で成功して、お金に余裕が出たタイミングで返済すればよい」という状態をいいます。

事例16：子どもが、地方で一人暮らしする親の生活費と介護費を負担したら？

 　母は、地方の実家で一人暮らしをしています。最近、足腰が弱くなり生活に支障が出たため、介護サービスを頼むことにしました。

　母の収入は年金しかなく、母だけでは生活費や介護費用を支払うことはできません。このため、私が一部を負担しています。

　母への資金援助により、母に贈与税はかからないでしょうか。

　贈与税はかかりません。ただし、母が、生活費や介護費用として援助されたお金を銀行に預金している場合や、株式や不動産の購入などに使った場合は、贈与税がかかるためご留意ください。

解　説

（1）扶養義務

　民法では、病気・障害・失業などの理由で自分だけでは生活できない親族がいる場合に、必要な支援や援助をする義務を、夫婦、親子、兄弟姉妹などの一定の親族に義務付けています。

　本事例のように、子が母の生活費や介護費用を負担するのは、扶養義務の範囲内となります。

（2）扶養義務者からの生活費の贈与

　贈与税は、原則として贈与を受けたすべての財産にかかります。ただし、「夫婦や親子、兄弟姉妹などの扶養義務者から生活費や教育費に充てるために取得した財産で、通常必要と認められるもの」には贈与税がかかりません。そして、上記の生活費とは、「その人にとって通常の日常生活に必要な費用をいい、治療費、養育費その他子育てに関する費用などを含みます。」とされています。

　本事例の場合は、収入が少なく、自分だけでは支払えない生活費や介護費用を、扶養義務を負う子がその都度援助しているものであり、贈与税はかかりません。

〈ポイント〉名目だけの生活費は贈与税の対象

　贈与税がかからない生活費とは、必要な都度直接これらに充てるためのものに限られます。したがって、生活費の名目で贈与を受けた場合であっても、それを銀行に預金している場合や、株式や不動産などの購入に使う場合には贈与税がかかります。

事例17：夫の口座から妻の口座に資金を移動したら？

Q 私は、メインバンクのA銀行に数千万円の預金があります。金融機関が破たんした際に、1金融機関あたり元本1,000万円までしか保証されない（ペイオフ）と聞いたので、残額ゼロの妻の預金口座に1,000万円を振り込みました。

妻の預金通帳とキャッシュカードは、私が管理しており、1,000万円を振り込んだことは妻に伝えていません。

妻に贈与税はかかるのでしょうか？

A あなたから妻への資金移動は、贈与が成立していないため、単なる資金移動となります。よって、妻に贈与税はかかりません。

なお、妻の預金口座は、あなたの名義預金に該当すると思われますので、名義預金の解消をおすすめします。

解　説

（1）夫婦間でのお金のやり取りと贈与税

夫婦の間でも、お金をあげたり、もらったりする場合には、贈与税がかかる場合があります。

①　贈与税がかからない場合

・家族の生活に必要なお金

　例）家賃、光熱費、食費などを妻の口座に振り込む　など

・子どもの教育に必要なお金

　例）学費、教材費、塾代、文具費などを現金で渡す　など

②　贈与税がかかる場合

・高価な金品やモノをあげた場合

　例）家、車などの高額な財産をあげた場合（名義変更した場合）

　　　株式や金融商品をあげた場合、及びこれらのものを購入するための資金をあげた場合

（2）贈与が夫婦間で成立しているか？

（1）のとおり、夫婦間で、生活費や教育費ではない高額なお金をあげたり、もら

ったりする場合には、贈与税がかかります。ただし、贈与が夫婦間で成立していることが前提となります。

　贈与が成立するのは、次の３つの要件を満たしたときです。
要件１：あげる方（贈与者）が「あげます」という意思を示す。
要件２：もらう方（受贈者）が「もらいます」という意志を示す。
要件３：もらう方（受贈者）自身が贈与された財産を管理する。

　本事例では、夫は妻に贈与をしたことを伝えておらず、妻も贈与を受けた認識はありません。また、夫が妻の預金通帳やキャッシュカードを管理しているため、この1,000万円を引き出して、使うことができるのは夫です。
　このため、要件１・２・３を満たしておらず、贈与は成立していないため、妻に贈与税はかかりません。
　なお、妻の預金口座は、夫が妻の名義を借りているだけの名義預金に該当します。将来、夫が亡くなった際に、この預金口座が夫の遺産として相続税の対象となる可能性があります。相続対策を考えている場合は、名義預金を生前に解消する必要があります。

（3）夫婦間の資金移動の注意点
　夫婦間での資金移動を行う際は、目的や性質（贈与なのか？　貸付なのか？　預けるのか？）を明確にして、相手にしっかりと伝えたうえで資金移動を行うことをおすすめします。
　贈与の際には、客観的に贈与が成立したことがわかるように「贈与契約書を作成する」、「相手に贈与したことをきちんと伝える」、「相手が保管・管理している預金口座に振り込む」、「もらった方が自分で贈与税の申告と納税を済ませる」必要があります。

事例18：プレゼント企画に当選して、お金をもらったら？

 私は、SNSで行われたプレゼント企画に当選して、現金100万円をもらいました。主催者からのお年玉として、抽選で選ばれた当選者が、現金100万円をもらえるというものです。主催者は個人の実業家で、その方のポケットマネーでの支払と聞いています。

私は、今年、他の方からの贈与は受けていません。贈与税の基礎控除額110万円以内なので、贈与税はかからないと思っていますが、間違いないでしょうか。

なお、私自身はその主催者の関係者でなく、仕事上の取引関係もありません。

 基本的に個人からの贈与と考えられるため、基礎控除額110万円以内であれば、贈与税はかかりません。

ただし、プレゼント企画の内容によっては贈与と認められず、贈与税ではなく所得税がかかる可能性もあります。

課税上の取扱いが明確でないケースもありますので、プレゼント企画の内容を精査して、判断したほうがよいでしょう。

解説

近年、SNSなどで、応募者が金品をもらえるプレゼント企画が行われることがあります。

本事例のように、主催者が個人の場合、受け取った人に贈与税がかからないように、あえて110万円以下になるように金品の水準を設定しているものも見受けられます。贈与自体は、贈与者と受贈者が面識のない他人であっても、要件を満たせば問題なく成立します。

本事例は、贈与者が個人の実業家、受贈者がプレゼント企画の応募者という設定です。双方に贈与の認識があり、受贈者が現実にお金を受け取っている場合は贈与が成立するため、贈与税の対象となります。なお、受け取った金額が100万円であり、他に贈与を受けていないため、贈与税はかかりません。

ただし、プレゼント企画の内容が、純粋な贈与と認められないケースも考えられます。例えば、主催者のビジネスでの宣伝目的として行われるような場合や、主催者からの報酬として受け取るような場合です。こうした場合は、受け取った人は贈与で得たのではなく売上を得た扱いとなり、所得税と住民税がかかります。また、主催者が

個人ではなく法人の場合も、受け取った人に所得税と住民税がかかります。

〈ポイント〉支払側と受取側の関係やプレゼントの性質に注意

　一口に「賞金」「商品」「当せん金」といっても、支払う側と受け取る側の関係や、その性質に応じて、税金の種類が異なる場合があります。

　なお、宝くじやスポーツくじの「当せん金」は非課税です。詳細は、事例19をご参照ください。

34

事例19：宝くじの当せん金を山分けしたら？

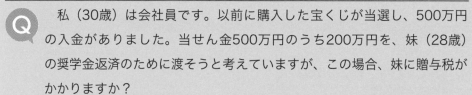

Q 私（30歳）は会社員です。以前に購入した宝くじが当選し、500万円の入金がありました。当せん金500万円のうち200万円を、妹（28歳）の奨学金返済のために渡そうと考えていますが、この場合、妹に贈与税がかかりますか？

A 妹があなたから受け取った200万円は、現金贈与のため、贈与税がかかります。

解　説

宝くじのルールを定める「当せん金付証票法」の規定により、当せん金には、所得税も住民税もかかりません。

宝くじの購入金額の一部は発売元の自治体に納められて公益事業に使われるため、購入した時点で既に税金を支払っているものと考えられるからです。

同様に、BIGやtotoなどのスポーツくじについても、「スポーツ振興投票の実施等に関する法律」の規定により、当せん金には所得税も住民税もかかりません。

ただし、当せん金の一部または全部について当せん者が他者に渡すと、それは単なる現金贈与と同じ扱いとなり、当せん金の贈与を受けた人には贈与税がかかります。

税金	当せんした本人	当せん金をもらった人
所得税	非課税	―
住民税	非課税	―
贈与税	―	贈与税がかかる

本事例では、あなたから妹に200万円を贈与した場合、他に贈与を受けていない限り、贈与税額は9万円となります。

贈与税額（暦年課税）の計算

200万円－基礎控除額110万円＝90万円

90万円×税率（一般税率）10％＝9万円

〈ポイント〉贈与税がかからないようにするには？

当せん金の分配に贈与税がかからないようにするには、宝くじを共同購入したうえで、購入者全員で当せん金を受け取りに行く方法があります。その際に、当せん金の

各自の受取分を銀行が発行する「宝くじ当せん証明書」の中に記載してもらえば、贈与とみなされません。

宝くじ当せん証明書

_____ 様　　　　　　　　　令和○年○月○日

_____ 等

当せん金額	￥5,000,000

グループ買いによる場合の
本人受取額（該当以外は斜線）
（委任状の各人配分額）

金額　￥2,000,000

当せん金支払年月日_____　　年　　　月　　　日

事例20：子ども名義の保険の掛金を父が支払っていたら？

 先日、母が亡くなり、死亡保険金1,000万円を受け取りました。

私名義の契約ですが、保険料はずっと父が負担しており、父の預金口座から引き落としされていました。

保険金を受け取ると贈与税がかかるのでしょうか。

あなたが受け取った死亡保険金1,000万円は、父からあなたへの贈与とみなされて、贈与税がかかります。

解　説

（1）契約内容により税金は異なる

　保険金を受け取る人には、所得税、相続税、贈与税のいずれかの税金がかかります。どの税金がかかるかは、保険契約の内容（契約者、保険料負担者、被保険者、受取人の組合せ）によって異なります。

死亡保険金にかかる税金の組合せ

ケース	契約者	保険料負担者	被保険者（被相続人）	受取人	税金の種類
1	父	父	父	子	相続税
2	父	父	母	父	所得税
3	父	父	母	子	贈与税
4	子	父	母	子	贈与税

　ケース1の場合、父が支払った保険料が、父が亡くなることによって子に死亡保険金として支払われるため、「亡くなった父の財産を子が受け取る」と考え、相続税がかかります。

　ケース2の場合、父が支払った保険料が、母が亡くなることによって父に死亡保険金として支払われるため、「自分の財産が自分に戻ってくる」と考え、所得税がかかります。

　ケース3の場合、父が支払った保険料が、母が亡くなることによって子に死亡保険金として支払われるため、「父の財産が子に贈与された」と考え、贈与税がかかります。

（2）契約者が保険料を負担していない場合

契約者が子、保険料負担者が父のように、契約者と保険料負担者が一致しない場合があります。この場合、税務上は、「実際に保険料を負担した人が誰か」に着目します。

ケース4の場合、父が支払った保険料が、母が亡くなることによって子に死亡保険金として支払われるため、「父の財産が子に贈与された」と考え、贈与税がかかります（本事例のケース）。

保険料負担者を確認せず、契約者だけで判断をすると、税金の種類を間違えることになるため、注意が必要です。

【参考】保険契約の用語

被保険者	その人が死亡、病気、けが等の際に保険金が支給される「保険の対象になる人」
契約者	保険会社と保険契約を結ぶ人
保険料負担者	保険料を実際に支払う人
受取人	保険金を受け取る人

事例21：親が支払っていた満期保険金をもらったら？

父が加入していた養老保険が、先日満期を迎えました。契約者は父で、保険料は父がずっと負担しています。受取人は私でしたので、保険会社から500万円を受け取りました。

贈与税はかかるのでしょうか？

あなたが受け取った満期保険金500万円は、父からあなたへの贈与とみなされて、贈与税がかかります。

解　説

（1）契約内容により税金は異なる

保険金を受け取る人には、所得税、相続税、贈与税のいずれかの税金がかかります。どの税金がかかるかは、保険契約の内容（契約者、保険料負担者、被保険者、受取人の組合せ）によって異なります。

満期保険金・解約返戻金にかかる税金の組合せ

ケース	契約者	保険料負担者	被保険者	受取人	税金の種類
1	父	父	父	父	所得税
2	父	父	母	父	所得税
3	父	父	父	子	贈与税
4	母	父	母	子	贈与税

ケース1の場合、父が支払った保険料が、保険契約の満期によって、父に満期保険金として支払われるため、「自分の財産が自分に戻ってくる」と考え、所得税がかかります。

ケース2の場合は、被保険者が父本人ではありませんが、父が支払った保険料が、保険契約の満期によって、父に満期保険金として支払われるため、ケース1と同じく、所得税がかかります。

ケース3の場合、父が支払った保険料が、保険契約の満期によって、保険料を負担していない子に満期保険金として支払われるため、「父の財産が子に贈与された」とみなして、贈与税がかかります（本事例のケース）。

この考え方は、保険契約が満期を迎える前に解約して、解約返戻金を受け取る場合

も同様です。

（2）契約者が保険料を負担していない場合

　契約者が母、保険料負担者が父のように、契約者と保険料負担者が一致しない場合があります。この場合、税務上は、「実際に保険料を負担した人が誰か」に着目します。

　ケース４の場合、父が支払った保険料が、保険契約の満期によって、子に満期保険金として支払われるため、「父の財産が子に贈与された」とみなして、贈与税がかかります。

【参考】保険契約の用語

被保険者	その人が死亡、病気、けが等の際に保険金が支給される「保険の対象になる人」
契約者	保険会社と保険契約を結ぶ人
保険料負担者	保険料を実際に支払う人
受取人	保険金を受け取る人

事例22：臨終２年前の贈与は相続税の節税になる？

 私の父は３年前から体調が悪くなり、入退院を繰り返していましたが、このほど、息を引きとりました。

病床の父から「相続税がかかるだろうから、私と弟に現金を贈与して、遺産を減らしたい」との申し出があったので、私と弟は、亡くなる２年前から現金500万円ずつ（合計1,000万円）を贈与してもらいました。暦年課税を選択して、贈与税の申告と納税は済ませています。

父の法要も終わったので、相続税の申告を進めようと思いますが、父からの贈与で相続税は節税できたでしょうか？

 残念ながら、亡くなられた日から過去３年以内に相続人に贈与された財産に対しても、相続税はかかります。

このため、あなたと弟の相続税の節税にはなりません。

なお、相続税の計算において、父から受けた当該贈与で支払った贈与税は一定額を控除することができます。

解　説

相続や遺贈などで財産を取得した人が、亡くなった贈与者から、死亡前３年以内に暦年課税による贈与で取得した財産があるときは、贈与を受けた財産を相続財産に加算して、相続税を計算します（相続時精算課税を選択していない場合）。

相続税の計算上は、死亡前３年以内の贈与で支払った贈与税は一定額を控除することができますが、臨終間際に、相続人へ贈与する行為には、相続税の節税効果はありません。

なお、相続人でない孫や子の配偶者への贈与は、上記加算の対象とならないため、本事例で相続人でない孫に贈与をしていた場合、相続税の節税になっていた可能性があります。

詳しくは、143ページを参照ください。

┌─【参考】令和6年1月1日以後の贈与 ─────────────────────

　令和5年度税制改正では、令和6年1月1日以後の暦年課税における贈与の加算期間が延長されました。

　ポイントは以下となります。

① 　加算期間が3年以内から7年以内に改正されました。

② 　加算期間は段階的に延長され、7年間の加算となるのは、令和13年1月1日以後に発生する相続からとなります。

　※ 　相続開始日が令和8年12月31日までの場合は、現行の3年以内のままです。

③ 　相続があった場合に、延長した4年間に受けた贈与については、総額100万円までは相続財産に加算しません。

加算期間の延長イメージ（改正前）

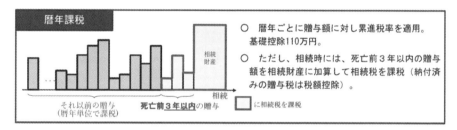

加算期間の延長イメージ（改正後）

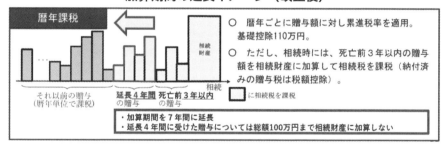

出典：財務省「令和5年度税制改正（案）について」

　このため、本事例のようなケースでは、生前贈与による相続税の節税はより難しくなるでしょう。

42

事例23：4人から110万円ずつもらって贈与税はかからない？

Q 　私（28歳）は会社員です。このたび父方の祖父（75歳）と祖母（70歳）、母方の祖父（78歳）と祖母（71歳）の計4人から110万円ずつ、合計440万円の現金をもらいました。

　私自身も自分の給料だけで普通に生活できていますし、今回の贈与は何かのお祝いでも記念でもありませんが、それぞれからもらった金額が110万円以下なので、贈与税はかからないと思いますが、そのとおりでしょうか？

A 　暦年課税の基礎控除額110万円は、年間の合計額となります。このため、あなたは贈与税がかかります。

　なお、相続時精算課税を選択すれば、贈与税がかからない可能性があります。

解 説

（1）暦年課税の基礎控除額

　暦年課税の基礎控除額110万円は贈与の各取引ごとで見るのではありません。贈与を受けた人から見て、年間でもらった金額の合計が110万円以下かどうかで判断します。

　そのため本事例では、あなたは同じ年に合計440万円の贈与を受けたことになり、基礎控除額110万円を超過していますので贈与税がかかります。

両親、祖父母など

車 ＋ 💵 ＝ **110万円以下**

総額 年間**110万円**まで**非課税**
複数名から渡す場合は、注意！

（2）暦年課税と相続時精算課税

　贈与税の課税方式には「暦年課税」と「相続時精算課税」の2つがあります。

① 暦年課税

　原則的な方式です。1月1日から12月31日までの1年間（暦年）にもらった財産が課税対象です。ただし、年間110万円の基礎控除額が設けられています。1年間にもらった財産の合計額が110万円を超えない場合には、贈与税はかかりません。

　本事例では4人から合計440万円を贈与されており、他に贈与を受けていない限り、贈与税額は39万5,000円となります。

| 贈与税額（暦年課税）の計算 |

　440万円－基礎控除額110万円＝330万円

　330万円×税率（特例税率）15％－10万円＝39万5,000円

② 相続時精算課税

　この方式は、原則として、贈与があった年の1月1日において60歳以上の親（または祖父母）から、同日において18歳以上の子（または孫）が財産をもらった場合に選択できます。

　贈与者が亡くなったときに、生前に贈与を受けた財産を相続財産に合計して相続税を計算し、相続税から贈与時に納めた贈与税を控除する方法です。

　贈与時において「贈与者と受け取った人の組み合わせごとで2,500万円の特別控除額」が設けられているため、生前に贈与された財産の累計額が2,500万円の範囲までは、贈与税がかかりません。もし、累計額が2,500万円を超えた場合には、超えた部分について一律20％の税率で贈与税がかかります。

　本事例では、贈与があった年の1月1日時点で、各贈与者（父方の祖父母、母方の祖父母）が60歳以上、孫が28歳のため、年齢要件を満たします。そして各相手ごとの贈与額110万円は各相手ごとの特別控除額2,500万円の範囲内のため、はじめて相続時精算課税を使う前提とすると、贈与税はかかりません。

| 贈与税額（相続時精算課税）の計算 |

1）父方の祖父⇒孫の贈与

　110万円≦特別控除額2,500万円

　∴贈与税額ゼロ

　※　翌年以降に繰り越される特別控除額

　　2,500万円－110万円＝2,390万円

2）父方の祖母⇒孫の贈与

　110万円≦特別控除額2,500万円

　∴贈与税額ゼロ

　※　翌年以降に繰り越される特別控除額
　　2,500万円－110万円＝2,390万円

3）母方の祖父⇒孫の贈与

　110万円≦特別控除額2,500万円

　∴贈与税額ゼロ

　※　翌年以降に繰り越される特別控除額
　　2,500万円－110万円＝2,390万円

4）母方の祖母⇒孫の贈与

　110万円≦特別控除額2,500万円

　∴贈与税額ゼロ

　※　翌年以降に繰り越される特別控除額
　　2,500万円－110万円＝2,390万円

③　相続時精算課税の留意点

　本事例では、暦年課税と相続時精算課税を選択することができます。ただし、相続時精算課税を一度選択すると、各贈与者からの贈与について暦年課税に戻れません。各贈与者から今後も贈与を受ける場合や各贈与者が死亡した際の相続税に影響があるため、十分に考えたうえで選択する必要があります。

〈ポイント〉贈与の仕方に工夫を

　本事例では、同じ年に複数の贈与者からの贈与を受けた結果、暦年課税の基礎控除額である110万円を超過し、贈与税がかかることになりました。今回の贈与について相続時精算課税を選択すれば、贈与税をゼロにすることはできますが、申告手続や将来の贈与・相続にも影響を及ぼすことになります。

　同じ年に他の贈与がない前提である場合、たとえば下記のような方法で贈与を行うと、相続時精算課税を使わずに各年の贈与税をゼロにできるうえに贈与税の申告も要しません。

（X1年）

父方の祖父からの贈与：110万円

110万円−基礎控除額110万円＝0円　∴贈与税額ゼロ

（X2年）

父方の祖母からの贈与：110万円

110万円−基礎控除額110万円＝0円　∴贈与税額ゼロ

（X3年）

母方の祖父からの贈与：110万円

110万円−基礎控除額110万円＝0円　∴贈与税額ゼロ

（X4年）

母方の祖母からの贈与：110万円

110万円−基礎控除額110万円＝0円　∴贈与税額ゼロ

┌─【参考】令和6年1月1日以後の贈与 ─────────────────

　令和5年度税制改正では、相続時精算課税制度の使い勝手を向上させるため、（暦年課税と同様に）相続時精算課税にも毎年110万円の基礎控除が設けられました。

　本事例が令和6年1月1日以後の贈与で、はじめて相続時精算課税を選択する場合、基礎控除額110万円の範囲内のため、贈与税はかかりません。

| 贈与税額（相続時精算課税）の計算 |

1）父方の祖父⇒孫の贈与

　　①　110万円−基礎控除額110万円＝0円

　　②　0円≦特別控除額2,500万円　∴贈与税額ゼロ

　　※　翌年以降に繰り越される特別控除額

　　　2,500万−0円＝2,500万円

2）父方の祖母⇒孫の贈与

　　①　110万円−基礎控除額110万円＝0円

　　②　0円≦特別控除額2,500万円　∴贈与税額ゼロ

　　※　翌年以降に繰り越される特別控除額

　　　2,500万円−0円＝2,500万円

3）母方の祖父⇒孫の贈与

    ①   110万円－基礎控除額110万円＝0円

    ②   0円≦特別控除額2,500万円　∴贈与税額ゼロ

    ※   翌年以降に繰り越される特別控除額

      2,500万円－0円＝2,500万円

4）母方の祖母⇒孫の贈与

    ①   110万円－基礎控除額110万円＝0円

    ②   0円≦特別控除額2,500万円　∴贈与税額ゼロ

    ※   翌年以降に繰り越される特別控除額

      2,500万円－0円＝2,500万円

事例24：毎年110万円ずつ10年間贈与してもらったら？

Q 　私（30歳）は会社員です。去年の6月15日に父（70歳）の預金口座から110万円が振り込まれ、今年も6月15日に父の預金口座から110万円が振り込まれました。父からは、「1,100万円を去年から10年間に分けて110万円ずつ贈与する」と言われています。

　私自身、自分の給料だけで普通に生活できていますし、何かのお祝いでも記念でもらったものではありませんが、その贈与でもらったお金は私自身の生活費の足しに使っています。

　その年にもらった金額が110万円以下で、他の贈与も受けていないので、贈与税の申告をしていませんが、私の行っていることは問題ないでしょうか？

A 　あなたの場合、連年贈与（定期贈与）とみられて贈与税がかかる可能性がありますので、注意してください。贈与税がかからないケースについては、解説のポイントを参照してください。

解　説

　贈与が成立するのは、次の3つの要件を満たすときです。

要件1：あげる方（贈与者）が「あげます」という意思を示す。

要件2：もらう方（受贈者）が「もらいます」という意思を示す。

要件3：もらう方（受贈者）自身が贈与された財産を管理する。

　本事例では、上記の要件はすべて満たしていますので、贈与の事実はあると考えられます。ただ、本事例では毎年同じ日に同じ金額の贈与を行っています。確かに各年ごとに見れば年間110万円以内の贈与として贈与税がかからないように見えますが、税務上は、下記のように連年贈与（または定期贈与）と認定される可能性があります。

（X1年）

「父から1,100万円のお金を10年間にわたって分割で贈与を受ける」と認定される。

⇒X1年に1,100万円の贈与があったとして贈与税がかかる。

　連年贈与の場合、2年目以降にもらうものであっても、1年目で全額が贈与税の対象となります。本事例が連年贈与と認定された場合、あなたはX1年に1,100万円の

贈与を受けたことになり、基礎控除額110万円を超過していますので贈与税がかかります。

〈ポイント〉贈与の仕方に工夫を

同じ贈与者から毎年同じ日に同じ金額の贈与を受ける場合、連年贈与と認定されてしまう可能性があります。

「毎年、贈与するごとに、贈与契約書を作成して、贈与者と受贈者の意思表示を確認する」、「毎年、贈与する金額や時期を変える」などの工夫をすることにより、連年贈与とみなされることは回避できます。

もし、本事例が連年贈与に該当せず他の贈与もない場合は、基礎控除額110万円の範囲のため、贈与税はかかりません。

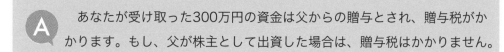

事例25：子どもが親からもらったお金で起業したら？

Q 　私は来月にＩＴ系の株式会社を起ち上げようと考えています。その際の出資金として、父から300万円を援助してもらうことになっています。

　その会社の株主は私だけですが、この場合、私は贈与税を納める必要があるのでしょうか？

A 　あなたが受け取った300万円の資金は父からの贈与とされ、贈与税がかかります。もし、父が株主として出資した場合は、贈与税はかかりません。

解　説

（1）株式会社設立の出資金は、株主負担が原則

　株式会社を設立するときは、株主が自分のお金を払い込んで出資をする必要があります。このため、本来は株主と出資金の負担者は一致します。

　しかし、本事例のように、親から資金を援助してもらい、子どもが出資をするような場合は、株主と出資金の負担者が一致せず、税務上の問題があります。

（2）贈与税の申告を避けるには？

①　父からお金を借りる

　父から子が出資金300万円を一時的に借りて、返済する場合は贈与税はかかりません。ただし、親子間でも金銭消費貸借契約書を作成し、きちんと返済することが前提となります。「あるとき払い」や「出世払い」のような方法では、贈与となるため注意が必要です。

②　父から会社に直接出資してもらう

　父が株主として300万円を直接出資した場合は、子に贈与税はかかりません。ただし、父が子の会社の株式を所有することになるため、将来、父から株式をどう承継するかについて検討が必要です。父が株式を所有したまま亡くなった場合は、父の相続財産として相続税がかかります。

〈ポイント〉名義株式に注意

　株主本人が、株主になった覚えや出資金を負担した覚えがないのに、株主名簿に名前が記載されているような場合もあります。こうした株式を「名義株式」といいます。

　名義株式がある場合、実際の株主が亡くなった際の相続税や事業承継で問題となりますので、事前に解消することが求められます。

事例26：「返すから」と言って、親からお金を借りたけど……

Q 　私（43歳）は、昨年、7,000万円のマンションを購入しました。自己資金と住宅ローンだけでは購入資金が足りないので、父（75歳）から1,000万円を援助してもらいました。知人から「贈与税がかからないように、父からの借金という形がよい」とアドバイスを受けたので、贈与ではなく、借金という形にしています。

　父には「必ず返済する」と言っていますが、契約書は作っておらず、返済もまったくできていません。

　この場合、私に税金上の問題はないでしょうか？

A 　父からあなたへの資金援助は、形式上は貸借ですが、「あるとき払い」や「出世払い」と認められるため、贈与とみなされます。

　よって、父からあなたへの贈与として、贈与税がかかります。

解　説

（1）家族間のお金の貸借は、贈与にならない

　親と子、祖父母と孫など、家族間でお金を貸借したとしても、借入金の返済能力や返済状況などからみて、本当にお金の貸借であると認められる場合は、借入金そのものは贈与になりません。

（2）贈与として取り扱われる場合

　家族間のお金の貸借であっても、次のような場合は、贈与として取り扱われる場合があります。

① 無利子の場合

　第三者からお金を借りた場合は、元金に加えて、利子を支払うことが求められます。しかし、家族間の借入金が無利子などの場合には、利子に相当する金額の利益を受けたものとして、その利益相当額は、贈与として取り扱われる場合があります。

② 実態が貸借でない場合

　実質的に贈与であるにもかかわらず、贈与税がかかるのを避けるために形式上貸借としている場合や「あるとき払い」または「出世払い」というような貸借の場合には、借入金そのものが贈与として取り扱われます。

　本事例の場合は、父からの借金という形式ですが、父との間で返済条件が一切定められておらず、返済もされていません。よって、実態は貸借でなく、父からの贈与と取り扱われるため、贈与税がかかります。

（3）親からの非現実な借金は贈与になる

　親子間の貸借で次のような場合も、実態が貸借でなく、贈与と認定される可能性があります。親子間の借金は、融通が利くと思われがちですが、注意が必要です。

①　子の収入からは返済が難しい

　子の収入では現実的に返済が難しい金額の場合、親からの贈与が前提とみなされます。

②　借用書が作成されていない

　親子間でも借用書を作成し、返済条件（借入金額・利息・返済期間）を明確にしてください。

③　返済終了時の親の年齢が高齢すぎる

　例えば、75歳の親に50年返済は、現実的ではありません。

（4）贈与税を避けるには

　本事例では、「住宅取得等資金の贈与の非課税特例」の要件を満たすことを条件として、父から子へマンション購入資金を贈与し、子が贈与税申告を行っていれば、一定額について贈与税がかからずに済むことができました。

　詳しくは、132ページをご参照ください。

事例27：上場株式を贈与してもらったら？

Q 私は、父から、上場会社の株式を1,000株贈与してもらいました。贈与日は今年の9月10日です。証券会社に依頼して、贈与による移管手続も済ませました。

今回の贈与で、贈与税はかかりますか？

※ 当該株式の他に贈与はなく、相続時精算課税制度を適用しない前提とします。

A あなたが贈与を受けた上場株式の評価額を求める必要があります。証券会社に依頼するか、ご自身で調べて、1株当たりの贈与日時点の評価額を確認してください。

「1株当たりの評価額×1,000株」が、110万円を超えないのであれば、贈与税はかかりません。

解 説

（1） 上場株式の評価額

上場株式の評価額は次の算式で計算します。

| 1株当たりの金額×所有株式数 |

1株当たりの金額は次の①～④の金額のうち、もっとも低い金額を適用して計算します。

① 贈与日の最終価格

② 贈与日の属する月の最終価格の平均額

③ 贈与日の属する前月の最終価格の平均額

④ 贈与日の属する前々月の最終価格の平均額

上場株式の相続税評価額の考え方

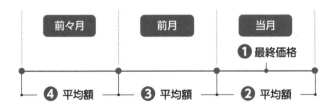

∴①～④のうち最も低い価格

（注）贈与日が土曜日、日曜日、祝日だった場合は、贈与日の前日以前または翌日以後の最終価格のうち、贈与日に最も近い日のものを用います。その最も近い日が2つある場合は、その平均額となります。

（2）本事例の場合

本事例の上場会社の株価は次のとおりとします。

前々月（7月） 最終価格 平均額	前月（8月） 最終価格 平均額	当月（9月） 最終価格 平均額	贈与日（9/10） 最終価格	評価額
1,100円	1,600円	1,500円	1,800円	1,100円

7月の最終価格の平均額が最も低いため、1株当たりの評価額は1,100円となります。

よって、贈与された株式の評価額合計は1,100円×1,000株＝1,100,000円となり、贈与税の基礎控除額110万円を超えないので、贈与税はかかりません。

【参考】証券会社での上場株式の贈与手続

上場株式を贈与する場合は、各証券会社のホームページなどを確認して、移管手続のルールに沿って対応しましょう。移管手続の一般的な流れは次のとおりです。

① 受贈者が証券会社の取引口座を開設する

贈与者と受贈者で異なる証券会社を使っていても、移管手続ができる場合があります。

② 贈与契約を締結する

贈与契約書を作成し、保管してください。

③ 必要書類を証券会社に提出する

各証券会社所定の移管手続の申請書類を提出します。贈与契約書や印鑑登録証明書の原本提出が必要な場合もあります。

なお、同一銘柄を「特定口座」から「特定口座」へ贈与できるのは1回だけとなります。贈与する銘柄と同一銘柄がすでに受贈者の特定口座にある場合は、特定口座で受け入れることができず、2回目以降は「一般口座」での受入れとなります。同一銘柄の上場株式を複数回に分けて贈与する際には注意が必要です。

事例28：親が経営する会社の株を、額面で買い取ったら？

Q 　私は、父が創業した株式会社（非上場会社）に入社し、役員として働いています。今年、事業を承継し、父に代わって社長に就任しました。そして、父が所有する株式10,000株をすべて買い取りました。金額は、父が創業時に払い込んだ額面（1株500円）と同額の総額500万円です。

　この買取りについて、税務上の問題はありますか？

※　贈与時の時価は1株10,000円とします。

A 　あなたが、父から著しく低い額で株式を買い取った場合には、時価と買い取った金額（額面）の差額については、父からあなたへの贈与とみなされて、贈与税がかかります。

　今回、贈与時の時価が1株10,000円であるのに、額面の1株500円で買取りをしています。よって、時価と譲渡対価の差額9,500万円が父からあなたへの贈与とみなされて、贈与税がかかります。

解　説

　個人間で株式などの資産を時価よりも著しく低い価額で売買した場合、取得者は、譲渡者から、財産の時価と譲渡対価の差額に相当する金額を贈与で取得したものとみなされ、贈与税がかかります。

　この場合の時価は、相続税評価額とされており、非上場株式の場合は、財産評価基本通達という税務上の所定の方法に基づいて評価する必要があります。

　なお、「著しく低い価額」については、具体的にどの程度を指すのかは法律上規定されておらず、社会通念などに従って、個別に判断をする必要があります。本事例のように、1株10,000円の時価の株式を額面の1株500円で買い取るような場合は、明らかに著しく低い価額に該当します。

〈ポイント〉非上場株式は、思わぬ課税に注意

　非上場会社の株式を、額面や当事者間で合意した金額で売買することがあります。しかし、税務上の時価と乖離している場合、思わぬ課税が発生する可能性があるため、注意が必要です。

事例29：親が経営する会社から現金をもらったら？

Q　私は、父が社長を務める A 社から私の車の修理代金として150万円をもらいました。私は、A 社の従業員でも役員でもなく、株主でもありません。会社からの贈与でも、贈与税がかかるのでしょうか？

A　法人からの贈与のため、贈与税ではなく、所得税がかかります。

ただし、A 社と父の関係や、事実関係によっては、父からの贈与として贈与税がかかることもあります。

解　説

（1）法人からの贈与の取扱い

法人から個人への贈与があったときは、受贈者に贈与税はかからず、所得税がかかります。そして、受贈者の立場により、所得の種類が変わります。受贈者が従業員や役員の場合は給与所得となり、従業員や役員でない場合は一時所得となります。

（2）父からの贈与となる場合

上記は原則的な取扱いですが、社長である父が会社のお金を自由に使っているような場合は注意が必要です。仮に、A 社が父に賞与を支給したことにして、そのお金が父から子に渡ったという事実関係が認定されるような場合には、社長である父には給与所得として所得税が課税され、子には父からの贈与として贈与税がかかります。

親族が経営する同族会社などにおいては、こうした事例が見受けられますので、注意が必要です。

事例30：資金負担と名義（持分割合）が違ったら？

 私（62歳）は、子（28歳）と生活するために家を建てることにしました。子は住宅ローンを組んで支払う予定です。

建築代金は5,000万円で、私が3,000万円、子が2,000万円（住宅ローン）を負担するつもりです。

一緒に建てる家なので、持分は私も子も同じ2分の1ずつにしようと考えていますが、問題ありますでしょうか？

実際の支払金額と登記名義（持分割合）が合わないと、差額に相当する部分について贈与税がかかります。この場合、子が500万円分の贈与を受けたことになります。

解　説

　自宅の登記名義（持分割合）は、その自宅の建築代金を実際に負担する方の支払金額に合わせる必要があります。本事例ではあなたの持分は下記のようになります。

　父：5分の3（5,000万円の建築代金のうち、3,000万円を支払っている）

　子：5分の2（5,000万円の建築代金のうち、2,000万円を支払っている）

　そのうえで、自宅の持分を2分の1ずつとした場合、子は2,500万円の建築代金を負担すべきところを、2,000万円の負担で済んでいるため、差額の500万円分については父からの贈与を受けたことになり、48万5,000円の贈与税がかかります。

> ### 贈与税額（暦年課税）の計算
> 500万円－基礎控除額110万円＝390万円
> 390万円×税率（特例税率）15％－10万円＝48万5,000円

〈ポイント1〉経済的利益とみなし贈与

　贈与税の対象となるものは無償でモノを受け取ったことに限らず、「本来負担するべきものを免除されて得をした部分」も入ります。その得をした部分のことを税務上では「経済的利益」と呼びます。

　本事例では、子が2,500万円の建築代金を支払うべきところを、2,000万円の支払で済んだ状態です。その支出を免れて得をした差額部分の500万円について、父からの贈与とみなされて贈与税がかかります。

〈ポイント２〉多額の贈与税を回避するには？

　本事例の設定のままでは贈与税がかかってしまいますが、例えば、次の方法により贈与税の負担を軽減することができます。事前に税理士に相談してから、判断されることを推奨します。

① 住宅取得等資金の贈与の非課税特例の活用

　住宅取得等資金の贈与の非課税特例を活用すれば、父から自宅の建築代金のお金を受け取っても、一定額までは贈与税がかかりません。また、父が60歳以上、子が18歳以上のため、相続時精算課税制度と併用することも考えられます。税務上、取得する住宅や手続には細かい要件がありますので注意してください。

　詳しくは132ページをご参照ください。

② 実際の資金負担の割合で登記する

　２分の１ずつの持分割合にこだわらないのであれば、最初から父が５分の３、子が５分の２にすれば贈与税はかかりません。

事例31：親が資金負担をして子ども名義で家を建てたら？

Q 　私（35歳）は会社員で、現在、賃貸マンションに妻と息子と住んでいます。転職して転勤もなくなり、子育てしやすい環境に引っ越したいと考え、新しく戸建を建てることにしました。
　建築代金は2,000万円です。父（67歳）に全額を負担してもらいますが、私が住む家なので私の名義にする予定です。特に問題ないでしょうか？

A 　住宅をあなたの名義にした（あなたの名前で登記した）場合、あなたが無償で住宅を建築したことになるため、あなたに贈与税がかかります。

解　説

　自宅の登記名義は、その自宅の建築代金を実際に支払った方にする必要があります。建築代金の支払者以外の方の名義にすると、その方は何の負担もなく家屋を取得したことになります。

　本事例では、あなたは父から2,000万円の贈与を受けた扱いとなります。暦年課税を選択し、他に贈与を受けていない場合の贈与税額は585万5,000円となります。

贈与税額（暦年課税）の計算

　2,000万円－基礎控除額110万円＝1,890万円

　1,890万円×税率（特例税率）45％－265万円＝585万5,000円

〈ポイント1〉経済的利益とみなし贈与

　贈与税の対象となるのは、無償でモノを受け取ったことに限らず、「本来負担するべきものを免除されて得をした部分」も入ります。その得をした部分のことを税務上は「経済的利益」と呼びます。

　本事例では、子が2,000万円の建築代金を支払うべきところを、負担なしで済んでしまう状態です。その2,000万円の支出を免れて得をする部分が、父からの贈与とみなされて贈与税がかかります。

〈ポイント2〉多額の贈与税を回避するには？

　本事例の設定のままでは贈与税がかかってしまいますが、例えば、次の方法により贈与税の負担を軽減することができます。事前に税理士に相談してから、判断されることを推奨します。

① 住宅取得等資金の贈与の非課税特例の活用

　住宅取得等資金の贈与の非課税特例を活用すれば、父から自宅の建築代金のお金を受け取っても、一定額までは贈与税がかかりません。また、父が60歳以上、子が18歳以上のため、相続時精算課税制度と併用することも考えられます。税務上、取得する住宅や手続には細かい要件がありますので注意してください。

　詳しくは132ページをご参照ください。

② 実際の資金負担の割合で登記する

　最初から父の名義で単独登記を行い、そこに息子家族が居住する形であれば、贈与税はかかりません。

　ただし、将来、父が亡くなった際は相続税の対象となります。

事例32：実質的に父が全額負担して二世帯住宅を購入したら？

 私（40歳）は会社員で、妻子と一緒に賃貸住宅に住んでいます。以前までは東京の本社勤務でしたが、今年３月の人事異動により大阪支店への転勤が決まりました。

私は元々実家が大阪ですので、今回の転勤を機に二世帯住宅を新たに購入しました。

私と父（75歳）の連名で売買契約を交わし、私と父の２分の１ずつの共有で登記しました。二世帯住宅の購入金額は全体で5,000万円でしたが、実質的には父が全額を負担してくれました。

この場合、私に贈与税がかかるのでしょうか？

 売買契約書や登記事項証明書で共有とされていても、税務上は実際に誰が資金を拠出したかで判断しますので、あなたは父から2,500万円の贈与を受けたものとして贈与税がかかります。

解　説

税務上は、不動産の所有について、「実際は誰が資金を負担したか」という実態で判断します。売買契約書や登記事項証明書にあなたが共有所有者として記載されていても、実際の資金の支出が伴っていない場合は、贈与とみなされてしまいます。

二世帯住宅の所有権の登記は、父とあなたで２分の１のため、購入金額5,000万円のうち、半分の2,500万円はあなたが負担する必要があります。しかし、実際には父が購入代金の全額を負担しているため、父からあなたへ2,500万円の贈与があったことになりますので、810万5,000円の贈与税がかかります。

贈与税額（暦年課税）の計算

2,500万円－基礎控除額110万円＝2,390万円

2,390万円×税率（特例税率）45％－265万円＝810万5,000円

〈ポイント１〉二世帯住宅の登記方法

二世帯住宅を取得する場合、複数の登記方法があります。登記方法により税務上の取扱いが異なる点や、将来の売却や相続に影響する点に注意が必要です。

① 単独登記

二世帯住宅を一戸の住宅と考えて、親子どちらか一人の名義で登記する方法です。親が全額を負担する場合、親の単独所有として登記すれば贈与税はかかりません。将

来、親が亡くなった際は、相続財産となるため、相続税の対象となります。

② 共有登記

　二世帯住宅を一戸の住宅と考えて、親子が各自の資金負担割合に応じて共有名義で登記する方法です。実際の負担割合と異なる持分で登記すると、贈与税がかかります。また、売却する際に、共有者全員の同意が必要になるという制限もあります。

③ 区分所有登記

　二世帯住宅を二戸の住宅（親の住宅部分と子の住宅部分）と考えて、親子で分けて登記する方法です。親が子の住宅部分の取得代金を負担すると贈与税がかかります。将来、親が亡くなった際は、親の住宅部分は相続財産となるため、相続税の対象となります。

〈ポイント2〉多額の贈与税を回避するには？

　本事例の設定のままでは贈与税がかかってしまいますが、例えば、次の方法により贈与税の負担を軽減することができます。事前に税理士に相談してから、判断されることを推奨します。

① 住宅取得等資金の贈与の非課税特例の活用

　住宅取得等資金の贈与の非課税特例を活用すれば、父から自宅の購入資金を受け取っても、一定額までは贈与税がかかりません。この特例を使う場合、建物の床面積の要件がポイントです。区分所有登記の場合、子の住宅部分の床面積で判定します。共有登記の場合、建物全体の床面積で判定し、かつ、子の住宅部分の床面積が全体の床面積の2分の1以上となる必要があります。

　また、父が60歳以上、子が18歳以上のため、相続時精算課税制度と併用することも考えられます。

　税務上、取得する住宅や手続には細かい要件がありますので注意してください。詳しくは132ページをご参照ください。

② 実際の資金負担の割合で登記する

　最初から、父の名義で単独登記を行い、そこに息子家族が居住する形であれば、贈与税はかかりません。

【参考】二世帯住宅と小規模宅地等の特例

　小規模宅地等の特例は、相続税の計算上、亡くなった方が居住等していた宅地等を配偶者や同居親族などが相続した場合に、その土地の評価額を減額できる特例です。詳細は割愛しますが、二世帯住宅が区分所有登記の場合は、特例を使えない場合があります。

事例33：マンションを購入するときに、親から2,000万円の 援助を受けたら？

私（30歳）は会社員で、現在は賃貸マンションに住んでいます。

このたび通勤の便や今後の生活環境を考えて、中古の分譲マンションの一室を購入することにしました。売買契約を交わしたのは今年の3月で、6月の引渡しと同時に入居する予定です。

分譲マンションの購入金額は4,000万円ですが、そのうち2,000万円については父（68歳）から資金援助を受けることになっています。残りの1,500万円は私の名義で住宅ローンを組み、500万円は私の手持ち資金から支出する予定です。

私の場合は贈与税がかかると思いますが、どのような取扱いになるのでしょうか？

父から援助してもらった2,000万円には贈与税がかかり納税の必要がありますが、要件を満たせば、住宅取得等資金の贈与の非課税特例を使える可能性があります。

解 説

（1）住宅取得等資金の贈与の非課税特例を適用できない場合

あなたが父から援助してもらった資金2,000万円には贈与税がかかります。贈与税の課税方式には「暦年課税」と一定の要件を満たせば選択できる「相続時精算課税」の2つがあります。あなたと父は、「相続時精算課税」の要件を満たすため、いずれかの方法を選択して贈与税を申告することになります。

贈与税額（暦年課税）の計算

2,000万円－基礎控除額110万円＝1,890万円

1,890万円×税率（特例税率）45％－265万円＝585万5,000円

贈与税額（相続時精算課税）の計算

2,000万円≦特別控除額2,500万円　∴贈与税額ゼロ

※　翌年以降に繰り越される特別控除額

2,500万円－2,000万円＝500万円

ただし、相続時精算課税を選択すると、父から今後も贈与を受ける場合や父が亡く

なった際の相続税に影響があるため、十分に考えた上で選択する必要があります。

（2）住宅取得等資金の贈与の非課税特例が適用できる場合

　適用期間が限定される特例措置ですが、本事例の場合は住宅取得等資金の贈与の非課税特例と組み合わせることで税務上の優遇措置を受けられる可能性があります。贈与税の基礎控除額とは別に、対象となる住宅が省エネ等住宅であれば最大1,000万円、それ以外の住宅であれば最大500万円まで贈与税がかかりません（132ページ参照）。

① 　対象の住宅が省エネ等住宅である場合

贈与税額（暦年課税）の計算

　2,000万円－住宅取得等資金贈与の非課税額1,000万円＝1,000万円

　1,000万円－基礎控除額110万円＝890万円

　890万円×税率（特例税率）30％－90万円＝177万円

贈与税額（相続時精算課税）の計算

　2,000万円－住宅取得等資金贈与の非課税額1,000万円＝1,000万円

　1,000万円－基礎控除額2,500万円＜0円

　1,000万円≦特別控除額2,500万円　∴贈与税額ゼロ

　※　翌年以降に繰り越される特別控除額

　　2,500万円－1,000万円＝1,500万円

② 　対象の住宅が省エネ等住宅以外の住宅である場合

贈与税額（暦年課税）の計算

　2,000万円－住宅取得等資金贈与の非課税額500万円＝1,500万円

　1,500万円－基礎控除額110万円＝1,390万円

　1,390万円×税率（特例税率）40％－190万円＝366万円

贈与税額（相続時精算課税）の計算

　2,000万円－住宅取得等資金贈与の非課税額500万円＝1,500万円

　1,500万円－基礎控除額2,500万円＜0円

　1,500万円≦特別控除額2,500万円　∴贈与税額ゼロ

　※　翌年以降に繰り越される特別控除額

　　2,500万円－1,500万円＝1,000万円

　ただし、相続時精算課税制度を選択すると、父からの贈与について暦年課税に戻れません。父から今後も贈与を受ける場合や父が亡くなられた際の相続税に影響があるため、十分に考えたうえで選択する必要があります。

〈ポイント〉贈与を受けるタイミング

　住宅取得等資金の贈与の非課税特例の概要は、132ページをご参照ください。その中でポイントとなるのが、贈与のタイミングとお金の動きです。

　可能であれば、現金の手渡しよりも預金口座の振込みを用いて贈与したほうが、第三者に対する証明としても有効となります。

① 　住宅の支払日（手付金または中間金、残金の支払日）までに親の預金口座から、子の預金口座へお金を振り込む。

② 　子は①の贈与で受けた全額を、住宅の支払に使う。

　「親の預金口座→子の預金口座→売主への支払」のお金の動きを完成させる必要があります。

子の預金通帳のイメージ

取引日	お引出し金額	お預かり金額		残高
○○ -02-25	給料		480,000	6,000,000
○○ -03-15	5,000,000	売主		1,000,000
〜中略〜				
○○ -05-15	父		20,000,000	21,000,000
○○ -05-25	給料		500,000	21,500,000
○○ -05-30	ご融資		15,000,000	36,500,000
○○ -06-20	35,000,000	売主		1,500,000

　もし、住宅の売主または施工業者への最終支払を行った後に、親から資金援助を受けていた場合は、住宅購入に贈与してもらったお金を充てていないため、住宅取得等資金の贈与の非課税特例を受けることはできません。

事例34：親が新居に引っ越すことになったので、古い家と土地を娘が無償でもらったら？

　　私（31歳）は会社員です。夫と私の両親と４人で横浜市の一戸建ての実家に住んでいましたが、このたび父（66歳）が地方の一戸建てを購入し、母と引っ越すことになりました。横浜の実家は以前から父の所有ですが、「あげるから、夫婦のものとして使ってよい」と言って、建物と土地をもらいました。

　　横浜の実家が私のものとなりましたが、もらったものが不動産の場合、贈与税はかかりますか？　贈与税がかかる場合、贈与税額はどのように計算するのでしょうか？

　　贈与されたものが不動産の場合でも、贈与税がかかります。税額は、相続税評価額を基に計算します。

解　説

（1）相続税評価額の求め方

　あなたは、父から横浜市の実家（土地と建物）を贈与されたので、贈与税がかかり、贈与税を納税する必要があります。贈与されたものが不動産の場合、相続税評価額を基に税額計算を行うことになります。贈与税の計算で用いる相続税評価額は、土地と建物で次のようになります。

①　土地（路線価×土地の面積）

　例えば、該当する土地の路線価が10万円で、面積が120㎡だった場合、10万円×120㎡＝1,200万円が相続税評価額となります。

②　建物（贈与を受けた年の固定資産税評価額）

　例えば、贈与を受けた年の固定資産税評価額が800万円であれば、その800万円が建物の相続税評価額となります。

　したがって、あなたは1,200万円の価値がある土地と800万円の価値がある建物をもらったことになるため、合計2,000万円に対して贈与税がかかります。

（２）暦年課税と相続時精算課税

　贈与税の課税方式には「暦年課税」と「相続時精算課税」の２つがあります。

① 暦年課税

　原則的な方式です。１月１日から12月31日までの１年間（暦年）にもらった財産が課税対象です。ただし、年間110万円の基礎控除額が設けられています。１年間にもらった財産の合計額が110万円を超えない場合には、贈与税はかかりません。

　本事例では父から2,000万円の価値がある不動産を贈与されており、他に贈与を受けていない限り、贈与税額は585万5,000円となります。

贈与税額（暦年課税）の計算

　2,000万円－基礎控除額110万円＝1,890万円

　1,890万円×税率（特例税率）45％－265万円＝585万5,000円

② 相続時精算課税

　この方式は、原則として、贈与があった年の１月１日において60歳以上の親（または祖父母）から、同日において18歳以上の子（または孫）が財産をもらった場合に選択できます。

　贈与者が亡くなったときに、生前に贈与を受けた財産を相続財産に合計して相続税を計算し、相続税から贈与時に納めた贈与税を控除する方法です。

　贈与時において2,500万円の特別控除額が設けられているため、生前に贈与された財産の累計額が2,500万円の範囲までは、贈与税がかかりません。もし、累計額が2,500万円を超えた場合には、超えた部分について一律20％の税率で贈与税がかかります。

　本事例では、贈与があった年の１月１日時点で、父が66歳、娘が31歳のため、年齢要件を満たします。そして贈与した不動産の価値2,000万円は2,500万円の特別控除額の範囲内のため、贈与税はかかりません。

贈与税額（相続時精算課税）の計算

　2,000万円≦特別控除額2,500万円　∴贈与税額ゼロ

　※　翌年以降に繰り越される特別控除額

　　2,500万円－2,000万円＝500万円

③ 相続時精算課税の留意点

　本事例では、暦年課税と相続時精算課税を選択することができます。ただし、相続

時精算課税を一度選択すると、父からの贈与について暦年課税に戻れません。父から今後も贈与を受ける場合や父が死亡した際の相続税に影響があるため、十分に考えたうえで選択する必要があります。

〈ポイント１〉路線価と固定資産税評価額

　路線価とは、土地に接している各道路に付された１㎡当たりの金額のことで、実際の取引価格や不動産鑑定士による精通者意見等を基に毎年算定されています。その年の路線価は毎年７月１日に更新され、国税庁のホームページで閲覧することができます。路線価図と呼ばれる地図状のものから対象の土地を特定し、接している道路部分に付された金額を求めます。

　なお、贈与があった際には、実際に贈与があった年の路線価を基に土地の相続税評価額を計算することになります。

　また、路線価が付されていない土地については、対象土地の固定資産税評価額に一定の倍率を掛けることで、土地の相続税評価額を求める倍率方式という方法もあります。

　具体的な路線価図の見方については、215ページをご参照ください。

路線価図（見本・国税庁ホームページ）

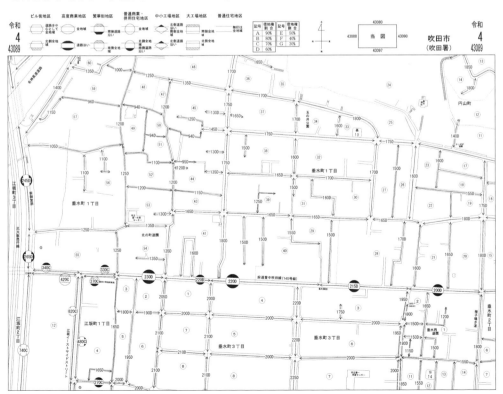

　固定資産税評価額とは、固定資産税を計算する際に用いられる金額のことで、不動産の所在地の自治体によって算定されます。基本的には毎年４～６月頃に、市町村役場や都税事務所から送付される固定資産税・都市計画税の納税通知書に同封されている「固定資産税・都市計画税の課税明細書」の中で「評価額」または「価格」として記載されている金額となります。

固定資産税課税明細書（見本・高松市ホームページ）

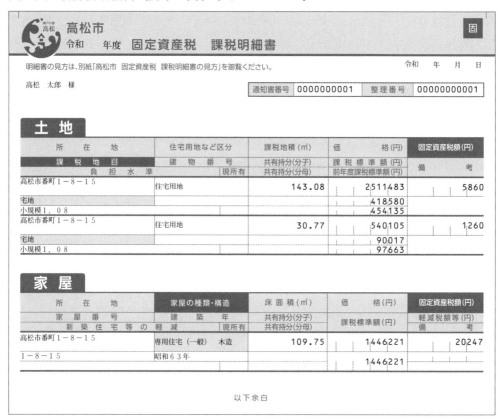

〈ポイント２〉贈与税以外にかかる税金は？

　対象物が不動産の場合、所有権の移転登記が必要となるため、法務局に登録免許税を納める必要があります。

　また、贈与による移転は不動産取得税の対象となり、こちらは所有権移転登記が完了してから数か月後に所在地の都道府県から納税通知書が送付され、納税することになります。

　そして所有している間は毎年、所在地の市町村（東京都23区内の場合は東京都）に対して固定資産税・都市計画税を納めることになります。

〈ポイント３〉不動産の贈与を行う前に

　本事例では対象物が不動産であるため、贈与契約書の作成と所有権の移転登記は必ず行い、誰の所有なのかを明確にしておきましょう。また、住宅ローン等の借入金の有無や抵当権が設定されているか否かの確認も必要になり、火災保険や地震保険についても契約の切替が必要になります。

　権利関係や税金関係等のトラブルを避けるためにも、贈与の際には事前に司法書士や税理士、金融機関、損害保険会社に相談のうえで実行することを推奨します。

〈ポイント４〉贈与以外の方法で引き継ぐ方法

　本事例では、父から娘に不動産を贈与したために、娘に贈与税だけでなく、登録免許税や不動産取得税、固定資産税等もかかってしまいます。贈与を行わずに父名義のまま娘にその不動産を無償で使用させて、その後、父の相続の際に、娘がその不動産を相続する方法を採れば、父の相続までの期間についてこれらの税金負担を回避することができます。また、相続による引き継ぎであれば不動産取得税はかかりません。

　この方法を採る場合、娘は相続までの期間について家賃を支払っていないため「家賃相当部分について贈与税がかかるのでは？」と思われるかもしれませんが、使用貸借として贈与税がかかることはありません。詳しくは類似の事例、事例35と事例36をご参照ください。

┌─**【参考】令和６年１月１日以後の贈与**─────────────

　令和５年度税制改正大綱では、相続時精算課税制度の使い勝手を向上させるため、暦年課税と同様に相続時精算課税にも毎年110万円の基礎控除が設けられました。

　本事例が令和６年１月１日以後の贈与で、相続時精算課税を選択する場合、基礎控除額と特別控除額の範囲内のため、贈与税はかかりません。

　贈与税額（相続時精算課税）の計算

　①　2,000万円－基礎控除額110万円＝1,890万円

　②　1,890万円≦特別控除額2,500万円　∴贈与税額ゼロ

　※　翌年以降に繰り越される特別控除額

　　2,500万円－1,890万円＝610万円

└─────────────────────────────────

事例35：親の土地を無償で借りて子どもが家を建てたら？

Q 私は、父が所有する土地を無償で借りて自分の家を建て、家族で住むことにしました。この土地は駅が近く便利で、もし売却したらそれなりの金額が付くようなところです。

一般的には、家を建てるのに土地を借りる場合、地主に権利金を支払うと思いますが、親子なので、そのようなやり取りをしなくてもよいのでしょうか？

また、地代の支払もしないつもりですが、問題ないでしょうか？

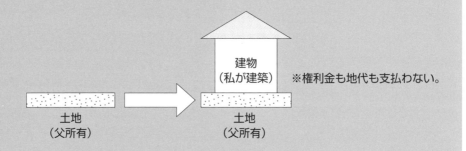

A 親の土地を無償で借りて子が家を建て、使用を始めた場合、子が利益を受けたとして贈与税がかかると心配される方もいらっしゃいますが、基本的に贈与税はかからないと考えてよいと思います。

解　説

（1）使用貸借

権利金の支払が一般的となっている地域においては、土地の賃貸が行われる場合、借主は地主に対して権利金などの一時金を借地権設定の対価として支払うのが通例です。

しかし、例えば、親の土地に子が家を建てたときに権利金を支払うことは通常ありません。このような土地の貸借を使用貸借(注)といいますが、税務上、借主である子に贈与税がかかることはありません。

なお、使用貸借されている土地は、将来親から子が相続するときに相続税がかかります。相続税の計算のときのこの土地の価額は、他の人に賃貸している土地ではなく自分が使っている土地として評価されます。つまり、貸宅地としての評価額より高い自用地（更地）としての評価額になります。

（注）借地借家法の適用はなく、借地権のような法的保護の対象外となります。

（2）地代の経済的利益

　土地の使用貸借があった場合、借主は土地を無償^(注)で使用することになります。地代を借主が負担しないということは、経済的利益を受けることになります。そのため厳密には、その経済的利益の額について贈与税がかかる余地があります。

　ただ、実務上は「課税上弊害がないと認められる場合には、強いて課税しなくてもよい」とされており、贈与税がかかることはまずないと考えてよいと思います。

（注）金銭の授受がない場合に限らず、その土地の固定資産税や都市計画税相当額（またはそれ以下の金額）を貸主に支払っている場合も含まれます。

事例36：親所有の土地に、子どもが二世帯住宅を建てたら？

 私（66歳）は既に会社を定年退職しています。このたび長男（35歳）が結婚し、彼らが住む場所として、私と妻が住む現在の一戸建てをいったん取り壊した上で新たに二世帯住宅を建ててくれることになりました。

その二世帯住宅は、私と長男の2分の1ずつの共有名義ですが、建築代金の5,000万円を息子が全額出してくれました。

この場合、明らかに贈与になると思われますが、どのような取扱いになるのでしょうか。

なお、二世帯住宅の敷地は現在も私の単独所有ですが、長男から地代を請求しようとは考えていません。

A　実際の支払金額と登記名義（所有権割合）が合わないと、差額に相当する部分について贈与税がかかります。この場合、あなたが2,500万円分の贈与を受けたことになります。

解 説

二世帯住宅の所有権の登記は、父と長男で2分の1のため、建築代金5,000万円のうち、半分の2,500万円は父が負担する必要があります。しかし、長男が建築代金の全額を負担しているため、子から父へ2,500万円の贈与があったことになります。

本事例において、父が他に贈与を受けていない場合の贈与税額は945万円となります。

贈与税額（暦年課税）の計算

2,500万円－基礎控除額110万円＝2,390万円

2,390万円×税率（一般税率）50％－250万円＝945万円

【参考】地代の経済的利益

なお、長男から地代を請求しないとのことですので、長男に地代を負担しないことによる経済的利益が生じますが、実務上は贈与税がかかることはないと考えられます（71ページ参照）。

事例37：親の借地に子どもが家を建てたら？

Q 　私の父の自宅の敷地は40年ほど前から借地です。建物がかなり老朽化したため、この度、自宅を建て替えることになりました。地主さんの了解は既に取れており、借地契約はそのまま継続します。

　ただ、私の父が高齢であることから建物は同居している私（長女）と私の夫で建てることにしました。

　建物の建築費は私と私の夫が負担するので、負担の割合で建物の名義の持分を決めれば、他に税金の問題はないでしょうか？

　なお、私や私の夫から父に地代を支払うようなことはしません。

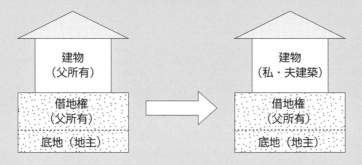

A 　新しい建物の所有者が長女と長女の夫となり、父が有していた借地権を無償で使用することになると、お二人がその借地権を無償で取得することになります。そうするとお二人に贈与税がかかることになります。ただ、贈与税がかかることを避けるための届出書(税務署への届出書類)があります。

解　説

　一般的に、借地人から土地を又借りして家を建てる場合、借りる方は権利金や地代を支払います。

　ここで、本事例のように父の借地権を長女や長女の夫が無償で使用すると、父から長女や長女の夫に借地権が贈与されたとみなされ、贈与税がかかります。

　ただし、国税庁ホームページにある「借地権の使用貸借に関する確認書」を税務署に提出すれば、贈与税はかかりません。

　この「借地権の使用貸借に関する確認書」は、長女や長女の夫には借地権が移転していない事実（父が借地権を有したままである事実）を税務署に届け出るもので、建物所有者と借地人、地主の三者の連名で署名押印し税務署に提出します。

（注）上述の借地権は、父が亡くなり、子が相続する際に相続税の対象となります。

74

借地権の使用貸借に関する確認書

借地権の使用貸借に関する確認書

① （借地権者）　　　　　　　　（借受者）

＿＿＿＿＿＿＿＿＿＿＿は、＿＿＿＿＿＿＿＿＿＿＿に対し、令和＿＿年＿＿月＿＿日にその借地

している下記の土地 ｛ に建物を建築させることになりました。＿＿＿＿＿＿＿ ｝ しかし、その土地の使用
　　　　　　　　　　　の上に建築されている建物を贈与（譲渡）しました。

（借地権者）

関係は使用貸借によるものであり、＿＿＿＿＿＿＿＿＿＿＿の借地権者としての従前の地位には、何ら変

更はありません。

記

土地の所在＿＿＿＿＿＿＿＿＿＿＿＿＿＿＿＿＿＿＿＿＿＿＿＿＿＿＿＿＿＿＿

地　　　積＿＿＿＿＿＿＿＿＿＿＿＿＿＿㎡＿＿＿＿

② 上記①の事実に相違ありません。したがって、今後相続税等の課税に当たりましては、建物の所有者はこ
の土地について何らの権利を有さず、借地権者が借地権を有するものとして取り扱われることを確認します。

令和　　年　　月　　日

借 地 権 者（住所）＿＿＿＿＿＿＿＿＿＿＿＿＿＿（氏名）＿＿＿＿＿＿＿＿＿

建物の所有者（住所）＿＿＿＿＿＿＿＿＿＿＿＿＿＿（氏名）＿＿＿＿＿＿＿＿＿

③ 上記①の事実に相違ありません。

令和　　年　　月　　日

土地の所有者（住所）＿＿＿＿＿＿＿＿＿＿＿＿＿＿（氏名）＿＿＿＿＿＿＿＿＿

◎

上記①の事実を確認した。

令和　　年　　月　　日

（確認者）＿＿＿＿＿＿＿＿税務署　＿＿＿＿＿＿＿部門　担当者＿＿＿＿＿＿

（注）◎印欄は記入しないでください。

出典：国税庁ホームページ

事例38：親が借りている土地の底地部分を子どもが地主から買い取ったら？

Q　私の父の自宅の敷地は借地です。この度、地主さんから「土地（底地）を買い取ってもらえないか」といった相談がありました。父もよい話だと思っているのですが、高齢であることからローンも組めないため、私（長男）が土地（底地）を買い取ることにしました。

　買取り後は、親子の関係のため、特に地代のやり取りはしない予定ですが、特に問題はないでしょうか？

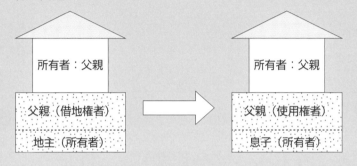

A　長男が土地（底地）を買い取ると、父が有していた借地権を長男が無償で取得することになります。そうすると長男に贈与税がかかることになります。ただ、その贈与税がかかることを避けるための届出書（税務署への届出書類）があります。

解　説

　長男が、土地（底地）を買い取り、地代のやり取りがなくなると、父の所有していた借地権は、長男に贈与されたものとみなされ贈与税がかかります（長男はその土地の所有権（底地部分だけでなくすべて）を取得したことになります）。

　ただし、国税庁ホームページにある「借地権者の地位に変更がない旨の申出書」を地主となった長男の住所地の所轄税務署に提出すれば、贈与税はかかりません。この書類は、長男が地主になった後も、引き続き借地権者は父であるという事実を税務署に届け出るもので、借地人（父）と地主（長男）が連名で提出します。

（注）父が所有する借地権は、父が亡くなり、子が相続する際には相続税の対象となります。

借地権者の地位に変更がない旨の申出書

<h2 style="text-align:center;">借地権者の地位に変更がない旨の申出書</h2>

令和　　　年　　月　　日

_____税務署長

（土地の所有者）

_____は、令和　　　年　　月　　　日に借地権の目的となっている

（借地権者）

下記の土地の所有権を取得し、以後その土地を_____に無償で貸し

付けることになりましたが、借地権者は従前の土地の所有者との間の土地の賃貸借契約に

基づく借地権者の地位を放棄しておらず、借地権者としての地位には何らの変更をきたす

ものでないことを申し出ます。

記

土地の所在_____

地　　積_____㎡

土地の所有者（住所）_____（氏名）_____

借　地　権　者（住所）_____（氏名）_____

出典：国税庁ホームページ

事例39：親の土地を子どもが相場より安く買い取ったら？

Q　私（35歳）は会社員です。このたび父（70歳）所有の未使用の土地の上に、家を新築することにしました。

家については私の単独所有で、建築費用も住宅ローンと私の手持ち資金で支払う予定です。

ただ、土地については無償でもらうと贈与税がかかると思い、父との相談のうえ1,000万円で買い取ることにしました。もちろん口約束ではなく、売買契約書を交わし所有権移転の登記手続も行います。売買代金についても、私の預金口座から父の預金口座に振り込みました。

しかし、気になるのが土地の価格です。念のため地元の不動産会社に査定してもらったところ、現時点で2,000万円の査定額が付きました。「無償でもらうから贈与税がかかる」と思い1,000万円で売買契約をしたのですが、この場合はどうなるのでしょうか？

A　土地の時価2,000万円と購入金額1,000万円の差額である1,000万円が父からの贈与とみなされて、贈与税がかかります。

解　説

本事例の場合、本来なら2,000万円の価値がある土地を、低額の1,000万円で購入しています。したがって時価の2,000万円と実際の購入金額1,000万円との差額である1,000万円部分が父から子への贈与とみなされて、暦年課税を選択した場合177万円の贈与税がかかります。

贈与税額（暦年課税）の計算

1,000万円－基礎控除額110万円＝890万円

890万円×税率（特例税率）30％－90万円＝177万円

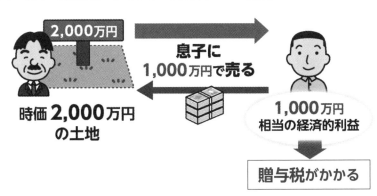

（1）経済的利益とみなし贈与

　贈与税の対象には、無償でモノを受け取ったことに限らず、「本来負担するべきものを免除されて得をした部分」も含まれます。その得をした部分のことを税務上では「経済的利益」と呼びますが、その経済的利益の中には「著しく低い価額の対価で財産を譲り受けた場合の利益相当額」も含まれます。

　本事例の場合、仮に他人が購入しようとしたら2,000万円を支払わなければならない土地を、子は相場よりもかなり安い1,000万円で購入しています。差額の1,000万円の支出を免れて得をした部分が「経済的利益」となり、父からの贈与とみなされて贈与税がかかります。

（2）無償で贈与された場合と低額で購入した場合の課税額

　不動産を無償で譲り受けた場合と、低額で購入した場合とでは、贈与税の負担額が異なる場合があります。

① 不動産を無償で譲り受けた場合

　「相続税評価額」を基に、贈与税を計算します。

　不動産の一般的な相続税評価額は次のようになります。

　　・土地：路線価×土地の面積
　　・建物：固定資産税評価額

② 不動産を低額で購入した場合

　「時価（第三者と売買した際の市場価格）と実際の購入金額との差額」を基に、贈与税を計算します。

　土地については地域的な相場もありますが、一般的には相続税評価額は時価よりも低い金額となります。そのため、低額で購入して時価との差額について計算した贈与税よりも、無償で譲り受けて相続税評価額を基に計算した贈与税のほうが税額を低く抑えられる場合もあります。

【参考】第三者である個人に不動産を売買した場合

　本事例のように、親密な関係にある親族間での不動産売買は、時価よりも安い金額でも成立するため、贈与税の問題があります。

　一方、第三者である個人との不動産売買はどうでしょうか？　この場合は、売買金額を決めるのに恣意的な要素が入らないため、決まった売買金額が時価となり、贈与税の問題は生じません。

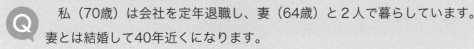

事例40：夫から自宅の持分をもらったら？

Q 私（70歳）は会社を定年退職し、妻（64歳）と２人で暮らしています。妻とは結婚して40年近くになります。

現在、妻と暮らしている一戸建住宅は、土地も建物も私が10分の7、妻が10分の３で共有しています。

私も妻も元気に暮らしていますが、終活の一環として、このたび自宅不動産の持分について、土地も建物もすべて妻に贈与し、司法書士に依頼して所有権移転の登記も行いました。

おそらく妻には贈与税がかかるかと思うのですが、どのような取扱いになるのでしょうか？　なお、自宅の不動産は住宅ローンも完済し、他の抵当権も入っていません。

A あなたの妻は不動産の持分を贈与で受け取っているため、贈与税がかかります。

ただ、妻の場合は贈与税の配偶者控除（通称「おしどり贈与」）が使えるので、妻が贈与で受けられた土地と建物の持分の相続税評価額が2,110万円までなら贈与税がかかりません。なお、贈与税の配偶者控除の適用を受ける場合には、贈与税の申告書の提出が必要な点に注意してください。

解　説

（１）贈与税の配偶者控除

贈与の日において婚姻期間が20年以上である配偶者から、居住用不動産または居住用不動産を購入・建築するための金銭の贈与を受けた場合は、贈与税の対象となる金額から特別に2,000万円まで引くことができます。

なお、この配偶者控除額の2,000万円とは別に、贈与税の通常の基礎控除額である110万円も併せて使えます。したがって、その年の配偶者から贈与でもらった財産が、自宅不動産または自宅不動産の購入資金のみの場合、最大2,110万円分までは贈与税がかかりません。

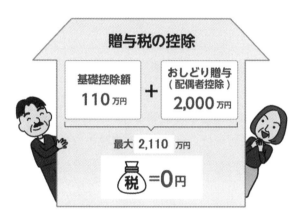

（2）不動産の相続税評価額

　配偶者から自宅の購入資金を贈与でもらった場合は、その金額が相続税評価額となります。

　自宅不動産（土地と建物）の持分を贈与でもらった場合は、相続税評価額は土地と建物に分けて、原則として次のように求めます。

① 　土地（路線価×土地の面積×贈与でもらった持分割合）

　例えば、該当する路線価が12万円で、対象の土地が100㎡の場合

　12万円×100㎡×持分割合7/10＝840万円が相続税評価額として計算されます。

② 　建物（贈与を受けた年の固定資産税評価額×贈与でもらった持分割合）

　例えば、贈与を受けた年の固定資産税評価額が700万円であれば、その700万円×持分割合7/10＝490万円が建物の相続税評価額となります。

　したがって、本事例の場合、あなたの妻が受け取った自宅不動産の相続税評価額は、土地840万円と建物490万円の合計1,330万円となり、配偶者控除額2,000万円以下のため、贈与税はかかりません。

（３）税額がない場合でも申告は必須
（例１）贈与税の納税が出ない場合
　　　　：納税する額はゼロですが申告は必要
　　　　　対象となる自宅不動産の相続税評価額の合計が1,330万円であれば、
　　　　　1,330万円－2,110万円（配偶者控除額2,000万円＋基礎控除額110万円）
　　　　　　　≦0円

（例２）贈与税の納税が出る場合
　　　　　対象となる自宅不動産の相続税評価額の合計が2,135万円であれば、
　　　　　2,135万円－2,110万円（配偶者控除額2,000万円＋基礎控除額110万円）
　　　　　　　＝25万円
　　　　　25万円×税率（一般税率）10％＝2万5,000円

〈ポイント〉おしどり贈与は一生に一回
　贈与税の配偶者控除が適用される要件は、「婚姻期間が20年以上であること」ですが、これは正式な婚姻関係が前提となります。事実婚など内縁の夫婦の場合は使うことができません。
　また、贈与税の配偶者控除は、同じ配偶者間で一生に一回だけの使用しか認められません。そのため、自宅不動産の持分を何年かに分けて配偶者に贈与して、毎年配偶者控除を使うことはできません。
　将来の相続税にも影響することですので、税理士に相談して選択されることを推奨します。

82

事例41：妻と共有名義のマンションの売却代金が全額私の口座に振り込まれたら？

Q 私は妻との共有名義である自宅マンションの一室を不動産会社に売却しました。持分割合は土地建物ともに、私が10分の8、妻が10分の2です。

今回の売却金額は全体で6,000万円となり、売却代金は売主代表として、私の預金口座に全額振り込まれました。

妻が受け取るべき売却代金を渡さないままで大丈夫でしょうか？

（注）持分割合は適正に計算された前提とします。

A 売主代表として売却資金を受け入れ、一時的に預かっているのであれば速やかに妻に売却資金を精算すれば贈与とはなりません。

しかし、あなたの口座に売却資金が入金後、何年も精算しないままの状態が続く場合、本来受け取るべき金額以上のお金をご自身のために使用されている状態として贈与税がかかります。

解説

あなたが本来受け取るべき売却金額は、全体の売却金額6,000万円×持分割合8/10＝4,800万円です。そのため超過している1,200万円は妻が受け取るべき金額となります。現状は、売主代表として売却金額が一括してあなたの口座に振り込まれている状態ですので、今後、精算をしないまま何年もあなたの口座に入った状態が続くと、その1,200万円については妻からの贈与とみなされて、贈与税がかかります。

事例42：親が暮らす実家のリフォーム代を子どもが負担したら？

 　　私の両親は近所の実家で暮らしています。実家は父所有です。両親ともに高齢で徐々に足腰の衰えが出始めていますが、実家には段差が多くバリアフリー対応ではありません。また、風呂場やトイレなどの水回りも傷んできています。

　　このため、私が費用を負担して、父の自宅を全面リフォームすることにしました。私がリフォーム代を全額負担しますが、税金はどうなるのでしょうか？

A 　　あなたが負担したリフォーム代は、あなたから父への贈与となるため、父に贈与税がかかります。

解　説

（1）リフォームによる建物価値の増加は建物所有者のもの

　民法では、建物をリフォームする場合、リフォーム部分について建物の価値が増加すると考えます。そして、この増加する価値部分については建物の所有者のものと考えます。

（2）本事例における贈与税

　本事例の場合、父名義の自宅のリフォームをしていますが、父は子に対してリフォーム代を支払わず、全額を子が負担しています。このため、父は子からリフォーム代相当額の利益を受けたものとして、父に贈与税がかかります。

（3）リフォーム代に贈与税がかからないようにするには？

　本事例のようなケースで贈与税がかからないようにする方法として、国税庁ホームページのタックスアンサー「No.4557　親名義の建物に子供が増築したとき」には、以下のように記載されています。

　「親が子供に対して対価を支払わないときには、親は子供から増築資金相当額の利益を受けたものとして贈与税が課税されることになります。しかし、子供が支払った増築資金に相当する建物の持分を親から子供へ移転させて共有とすれば、贈与税は課税されません。」

　例えば、父の自宅のリフォーム前の評価額が300万円で、子が700万円をかけてリフォームしたとします。

　この場合、リフォーム後の価値は1,000万円となりますから、リフォーム後に、子の持分割合が7/10（700万円／1,000万円）となるように、父の持分を子へ7/10移転させて共有とすれば、贈与税は課税されません。

（※）リフォーム前に検証が必要です

〈ポイント〉子が所有する家を親がリフォームしたら？

　子が所有する家のリフォーム代を親が負担する場合は、親から子への贈与となり、子に贈与税がかかります。

　なお、一定の要件を満たせば、住宅取得等資金の贈与の非課税特例を適用することができます。

事例43：夫婦共同名義の住宅ローンを途中から夫が負担したら？

Q　私（36歳）と妻（32歳）は、正社員として働いている共働き夫婦です。3年前に私と妻の共有で住宅を購入し、ペアローンを組んでいます。

今年になって、妻が妊娠したことから、妻は勤務先で産休と育休を使う予定ですが、その期間は給料の額が大幅に減少します。そこで、妻の住宅ローンを私が代わりに返済しようと思いますが、大丈夫でしょうか？

なお、妻は退職は考えておらず、産休と育休が満了した後は正社員として職場に復帰する予定です。また、妻の職場復帰後は、当初のように妻の収入で妻名義の住宅ローンを返済してもらう予定です。

A　あなたが負担する予定の妻の住宅ローンの返済金と利息は、妻への贈与となり贈与税がかかります。ただし、負担した金額が年110万円以下であれば、贈与税はかかりません。

解　説

（1）経済的利益

贈与税の対象となるものには、現預金や不動産に限らず、「本来負担するべきものを免除されて得をした部分」も含まれます。その得をした部分のことを税務上は「経済的利益」と呼んでいますが、その経済的利益の中に「無償または無利子で土地、家屋、金銭の貸与があった場合の、地代、家賃または利子に相当する額」があります。

本事例では、あなたから妻に対して直接お金を贈与しているわけではありませんが、妻が本来負担するべき住宅ローンの返済金と利息の支払をあなたが代わりに行ったことにより、妻が「お金を支払わずに済んで得をした状態」になることから、経済的利益として妻に贈与税がかかります。

ただし、原則として、妻がその年に負担してもらった住宅ローンの返済額と利息の合計が贈与税の基礎控除額である110万円以下で他に贈与を受けていない場合は、贈与税はかかりません。110万円を超えていれば、その超えた部分について贈与税がかかります。

（2）妊娠を機に妻が退職した場合は？

本事例についてあなたが肩代わりする妻の住宅ローンは、あくまで妻が産休と育休の期間に限定されるため、贈与税の対象となるのもその期間に対応する金額になりま

す。もし、妻が妊娠を機に勤務先を退職して専業主婦になった場合は、退職時点の借入金残高が贈与税の対象となる可能性があります。

　この場合、住宅ローンの借換え手続と同時に、妻の持分についてあなたへ所有権移転登記と負担付贈与（115ページ参照）を行うことで、妻の贈与税の負担を回避できる可能性があります。

　負担付贈与を行った場合は、次の算式で計算した金額が贈与税の対象となります。

持分を移転した時の時価－引き継いだ住宅ローン残高＝贈与税の対象となる金額

① 　上記算式の結果＝０　の場合
　　→あなた（夫）の贈与税はかからない
② 　上記算式の結果＞０　の場合
　　→あなた（夫）に対して贈与税がかかる（ただし基礎控除額の110万円分までは
　　　非課税）
③ 　上記算式の結果＜０の場合
　　→あなた（夫）はもらった価値以上の債務を負担することになるため、贈与税は
　　　非課税

　負担付贈与を行うことで、妻の贈与税負担を回避することはできます。しかし、負担付贈与は売却の一種であり、負担付贈与のときの借入金残高（経済的利益）が、不動産の取得費（対応する購入金額から一定の減価償却費を引いた後の金額）よりも大きければ、利益（譲渡所得）に対して所得税・住民税が妻に対してかかることになります。

　また、負担付贈与を行う際には、事前に下記にご相談のうえで実行されることを推奨します。

・司法書士　登記手続、贈与契約書の作成

・金融機関　住宅ローンの引継ぎ

・税理士　贈与税、譲渡所得税の取扱いの相談

・不動産鑑定士　負担付贈与時の鑑定評価額の依頼

事例44：妻の有料老人ホーム入居金を夫が支払ったら？

　私は、要介護認定を受けた妻と一緒に暮らしています。私も妻も80代後半と高齢になり、自宅で生活するのは難しくなりました。長女家族と相談した結果、妻を自宅近くの介護付き有料老人ホームに入居させることにしました。

　この有料老人ホームは、初期費用として入居金500万円、月額費用として毎月25万円が必要になります。

　妻の収入は年金だけで、それだけでは入居金や月額費用を負担することはできません。このため、私が代わりに負担しようと思います。妻に贈与税はかからないでしょうか。

　あなたが入居金や月額費用を負担しても、贈与税はかからないと考えられます。

　なお、要介護の必要がないのに、豪華な設備が備わった介護サービスのない有料老人ホームに入居した家族の入居金を負担したため、贈与税が課税された事例もあるので、ご留意ください。

解　説

（1）有料老人ホームの入居金・月額費用

　民間の有料老人ホームに入居する際、初期費用として入居金の負担が必要になることがあります。この入居金は、想定入居期間の家賃の前払とされています。想定入居期間よりも前に死亡、あるいは、別の施設へ転居するなどで退去した場合、残りの期間に相当する入居一時金が返還されます。また、毎月の食事代や水道光熱費などの月額費用もかかります。

（2）贈与税の取扱い

　税務上の取扱いでは、夫婦や親子、兄弟姉妹などの扶養義務者間で通常必要と認められる生活費や教育費を負担した場合は、贈与税がかかりません。なお、ここでいう生活費とは、その人にとって通常の日常生活に必要な費用をいい、治療費、養育費その他子育てに関する費用などを含むとされています。

　本事例では、妻の扶養義務者である夫が、要介護となり自宅での生活が困難となった妻の介護目的で有料老人ホームの費用を負担しています。この行為は、妻の日常生活に必要な費用を負担するものであり、負担した費用は「通常必要と認められる生活

費」といえるため、贈与税はかかりません。

（3）もし、通常必要と認められる生活費が110万円を超えたら？

　贈与税の基礎控除額110万円を超える入居金や月額費用を援助したとしても、通常必要と認められる生活費や教育費は、贈与税が非課税とされます。

【参考】老人ホームの入居金が贈与にあたるかの判断が分かれた事例

　夫が負担した妻の有料老人ホームの入居金が通常必要と認められる生活費に該当するか争われた事例（国税不服審判所の裁決例）を紹介します。

　妻の要介護の必要性、有料老人ホームの共用施設や居室面積、入居金の金額などに基づき、通常必要な生活費といえるかの判断がなされています。

		平成22年11月19日裁決	平成23年6月10日裁決
入居金		9,450,000円	133,700,000円 ⇒「極めて高額」と認定
妻	年齢	80代	60代
	介護	要介護認定4	要介護の必要なし
	資産	自宅と普通預金約80万円	記載なし
	収入	年金のみ	記載なし
有料老人ホーム	区分	介護付き有料老人ホーム ⇒「介護の目的を超えた華美な施設とはいえず」と認定	住宅型有料老人ホーム （介護機能はない）
	共用施設	ロビー、食堂、多目的スペースなど	フィットネスルーム、プール、レストラン、ラウンジ、ヘア・エステなど
	居室面積	15.00㎡	「×××㎡と広い」と認定
国税不服審判所の判断		贈与税は課税されない	贈与税が課税される

事例45：離婚時に元夫から、それまで一緒に住んでいたマンションをもらったら？

Q　私（50歳）は会社員です。このたび夫（51歳）との協議離婚が成立し、娘（14歳）と2人で暮らすことにしました。

現在暮らしている自宅マンションの一室は、元夫が単独で所有していました。元夫と相談のうえ、自宅マンションは元夫から私への財産分与として不動産でもらうことで合意し、司法書士に依頼して所有権移転の登記も行いました。

自宅マンションの名義が元夫から私に変わりましたが、贈与税はかかるのでしょうか？

自宅マンションについて、住宅ローンも他の抵当権もありませんし、高級タワーマンションのような特別豪華なものでもありません。

A　離婚に伴う財産分与の大半のケースでは、税務上は贈与となりません。あなたは元夫から自宅マンションを財産分与により取得されていますが、贈与税はかからないと考えられます。

解　説

あなたは元夫から不動産を受け取っていますが、離婚に伴う財産分与として受けたものとなるため、税務上は贈与として取り扱いません。したがって今回の不動産の財産分与について、あなたに贈与税はかかりません。

ただし、元夫には所得税・住民税がかかることがあります。あなたが将来そのマンションを外部へ売却する場合には通常と異なる取扱いとなるため、一定の配慮が必要です。

（1）離婚により財産をもらったとき

離婚により元夫から財産を受け取った場合、基本的にあなたに贈与税はかかりません。これは元夫から贈与を受けたものでなく、夫婦の財産関係の清算や離婚後の生活保障のための財産分与請求権によって給付を受けたものと考えるためです。

ただし、次のいずれかに該当する場合は贈与税がかかります。

① 分与された財産の額が、婚姻中の夫婦の協力によって得た財産の額やその他すべての事情を考慮してもなお多すぎる場合

→ その多すぎる部分について贈与税がかかります。

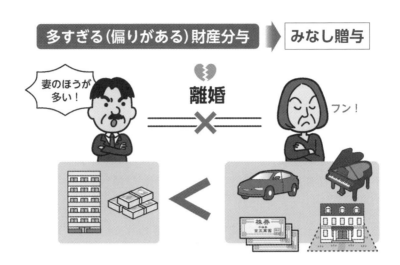

② 今回の離婚が、贈与税や相続税を免れるために行われたと認められる場合

　→　離婚によってもらったすべての財産について贈与税がかかります。

（2）元夫にかかる税金

　財産分与が不動産（本事例の場合は自宅マンション）で行われた場合は、財産分与時に、元夫は、自宅マンションを時価で元妻に売却したものとして、所得税・住民税がかかります。また、一定の要件を満たせば、居住用財産を譲渡した場合の3,000万円の特別控除の適用が受けられます。

　譲渡所得は、次の算式で計算します。

譲渡所得の算式（元夫）

　財産分与時の自宅の時価−（取得費＋譲渡費用）−特別控除額[注]

　財産分与時の自宅の時価は、不動産鑑定士や不動産業者が作成した査定書などに基づいて算定します。

　取得費は、元夫が自宅マンションを購入した際の金額が基となります。

（注）居住用財産を譲渡した場合の3,000万円の特別控除の適用を受けられる場合は、適用結果次第で、所得税がかからない場合があります。

（3）財産分与でもらった不動産を売却する場合

　元妻が、財産分与を受けた時に贈与税はかかりませんが、将来その自宅マンションを売却する際に、所得税・住民税がかかります。こちらも上記（2）と同様に、一定の要件を満たせば、居住用財産を譲渡した場合の3,000万円の特別控除の適用が受けられます。

譲渡所得は、次の算式で計算します。

譲渡所得の算式（元妻）

収入金額－（取得費＋譲渡費用）－特別控除額[注]

通常、取得費は購入時の売買契約書の金額を基に計算しますが、離婚による財産分与で取得した不動産の場合は、「財産分与を受けた時の時価」が取得費となります（元夫が譲渡所得の確定申告をした際の「財産分与時の自宅の時価」と基本的に一致します）。

誤って、元夫が購入したときの金額を用いて計算しないように注意が必要です。

また、あなたが亡くなって、娘がその自宅マンションを相続したとしても、娘が売却をするときには、やはり、あなたが財産分与を受けた時の時価が必要となってきます。

（注）居住用財産を譲渡した場合の3,000万円の特別控除の適用を受けられる場合は、適用結果次第で、所得税がかからない場合があります。

〈ポイント〉

財産分与で不動産を渡したり、取得した場合には、不動産鑑定士などに依頼して、財産分与時の時価を算出しておきましょう。

【参考】離婚による財産分与が不動産で行われた場合の税金上の取扱い

	不動産を渡した人（元夫）	不動産を受け取った人（元妻）
財産分与時の取扱い	自宅不動産を売却した取扱い→所得税・住民税がかかる	原則、贈与税はかからない
財産分与時の取引金額	財産分与時の時価で売却	財産分与時の時価で取得
居住用財産の特別控除の適用	一定要件を満たせば適用あり	将来に売却する際に一定要件を満たせば適用あり
財産分与における取得時期	－	財産分与時に取得→元夫の所有期間は引き継がない
売却時の取得費の計算	原則、購入時の金額を基に計算	将来に売却する際には財産分与時の時価を基に計算

事例46：賃貸用不動産を子に贈与したら？

 　私は、父から賃貸物件として使用している貸家とその敷地の贈与を受けました。今回の父からの贈与に伴い賃借人の了解も得られ、新たに賃貸借契約も交わしました。

　もらったものが賃貸用不動産の場合、贈与税はどのように計算するのでしょうか？

　なお、今回の贈与でもらった賃貸用不動産については、借入金も抵当権も敷金もありません。

 　贈与されたものが不動産の場合、相続税評価額を基に税額計算を行うことになります。ただ、用途が賃貸用のため一定の調整計算が必要です。

解　説

　あなたは、父から不動産を贈与されたので、贈与税がかかります。贈与されたものが現金ではなく不動産の場合、相続税評価額を基に計算を行うことになります。

（1）賃貸用不動産の相続税評価額の計算

　賃貸用の土地と建物の相続税評価額は次のように計算します。

① 賃貸用不動産の土地（下記の算式により計算）

　　路線価×土地の面積＝Ａ

　　Ａ×（1－借地権割合×借家権割合（0.3））＝相続税評価額

　例えば、該当する貸家の土地が下記である場合

　　・路線価：15万円

　　・対象の土地の面積：150㎡

　　・対象の路線価に付されている借地権割合：0.7

　　・借家権割合：0.3

　相続税評価額は次のように計算されます。

　　15万円×150㎡＝2,250万円

　　2,250万円×（1－借地権割合0.7×借家権割合0.3）

　＝2,250万円×（1－0.21）

　＝2,250万円×0.79

　＝1,777万5,000円

② 賃貸用建物（贈与を受けた年の固定資産税評価額×（1－借家権割合（0.3）））

　例えば、贈与を受けた年の固定資産税評価額が900万円であれば、900万円×（1
－0.3）＝630万円が貸家用建物の相続税評価額となります。

　したがって、1,777万5,000円の価値がある土地と630万円の価値がある建物をも
らったことになるため、合計2,407万5,000円に対して贈与税がかかります。

　なお、賃貸物件に空室がある場合などは、賃貸割合を考慮する必要があるため、注
意が必要です。

（2）路線価と固定資産税評価額

　路線価とは、土地に接している各道路に付された1㎡当たりの金額のことで、実際
の取引価格や不動産鑑定士による精通者意見等を基に毎年算定されています。その年
の路線価は毎年7月1日に更新され、国税庁のホームページから閲覧することができ
ます。路線価図と呼ばれる地図状のものから対象の土地を特定し、接している道路部
分に付された金額を求めます。

路線価図（見本・国税庁ホームページ）

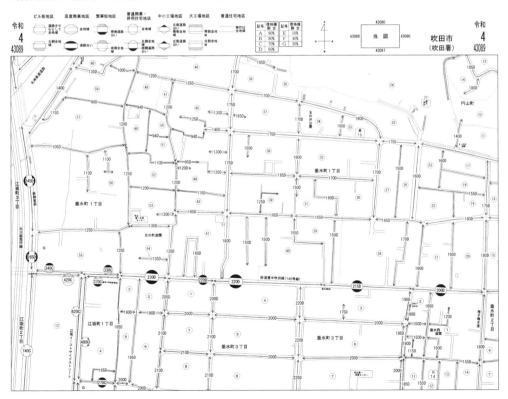

　なお、贈与があった際には、実際に贈与があった年の路線価を基に土地の相続税評価額を計算することになります。

　また、路線価が付されていない土地については、対象土地の固定資産税評価額に一定の倍率を掛けることで、土地の相続税評価額を求める倍率方式という方法もあります。具体的な路線価図の見方については、215ページを参照ください。

　固定資産税評価額とは、固定資産税を計算する際に用いられる金額のことで、不動産の所在地の自治体によって算定されます。基本的には毎年4〜6月頃に市町村役場や都税事務所から送付される固定資産税・都市計画税の納税通知書に同封されている「固定資産税・都市計画税の課税明細書」の中で「評価額」または「価格」として記載されている金額となります。

固定資産税課税明細書（見本・高松市ホームページ）

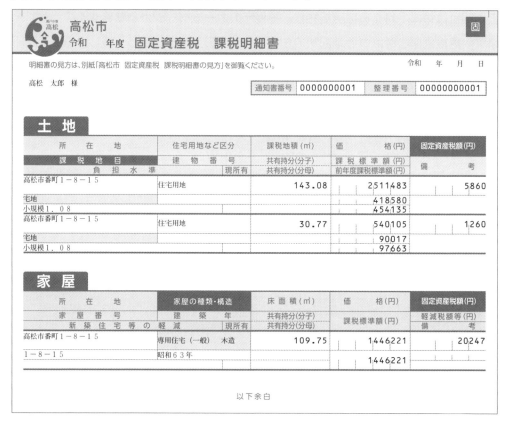

（3）賃貸用不動産の価値を計算する場合

　本事例では、贈与でもらった不動産が賃貸用として使われています。借地借家法の規定では、賃借人の権利を考慮するため、賃貸用不動産は100％所有者のものとして使えないものと考えて価値を計算します。

　つまり、同じ不動産でも賃貸用の場合は、自己使用するものよりも相続税評価額は低く計算されます。

　その低く計算する要素が借地権割合と借家権割合です。借地権割合は路線価と同様に、各路線価ごとに定められており、路線価図から確認することができます。

　借家権割合は、現行の法律では日本全国で一律0.3と定められています。

（4）贈与税以外にかかる税金

　対象物が不動産の場合、所有権の移転登記が必要となるため、法務局に登録免許税を納める必要があります。

　また、贈与による移転の際には不動産取得税の対象となり、こちらは所有権移転登記が完了してから数か月後に所在地の都道府県から納税通知書が送付され、納税することになります。

　そして所有している間は毎年、所在地の市町村（東京都23区内の場合は東京都）に対して固定資産税・都市計画税を納めることになります。

【参考】預り敷金（保証金）の引継ぎ

　本事例では該当しませんが、賃借人から預かった敷金がある場合、その敷金相当分のお金も一緒に贈与することで負担付贈与を回避することができます。また、その敷金相当分のお金は贈与税の対象になりません。

　詳しくは115ページをご参照ください。

事例47：共有不動産の賃料を一人でもらったら？

 昨年、不動産賃貸業を営んでいた父が亡くなり、賃貸アパートを母が4分の3、長男である私が4分の1の共有名義で相続しました。

母からは、アパートの管理をすべて任されており、家賃もすべて私のものにしてよいと言われました。入居者から振り込まれた家賃は、私の通帳で管理し、すべて私の収入としています。また、アパートの管理に係る費用は、私がすべて負担をしています。

母の家賃を私がもらっても、問題ないでしょうか？

今年の家賃収入は、年間400万円で、減価償却費を除いた経費は年間150万円です。

 家賃の4分の3は、母の財産となります。

母に「自分の家賃をあげる」という認識があり、あなたも「母の家賃をもらう」という認識がある場合、贈与が成立し、贈与税がかかります。

なお、あなたと母には、持分割合に応じ、所得税もかかります。

解　説

（1）共有不動産の収入と経費は持分に応じた負担が必要

貸アパートや貸駐車場などの共有不動産からの収入は、持分割合に応じた収入が共有者のものとなります。また、物件の維持管理に要する費用も持分割合に応じて共有者が各自負担する必要があります。

本事例の場合、入居者からの家賃の振込（年間400万円）は、長男の口座に全額が振り込まれています。また、物件の維持管理に要した費用（年間150万円、減価償却費を除きます。）も、長男が全額を負担しています。

このように、代表者がまとめてお金の収支を管理することは問題ありません。ただし、他の共有者である母の持分を考慮して、収入と費用を管理し、適正な金額の精算を行わなければなりません。

（2）本事例における贈与税

母には「自分の家賃を長男にあげる」、長男には「母の家賃をもらう」という認識があり、実際に長男が家賃のすべてをもらっています。

また、母が支払うべき費用は長男が代わりに負担をしており、母の家賃収入と相殺をしています。

　このため、母がもらうべき収入から母が負担すべき費用を相殺した187万5,000円に対して、贈与税が7万7,500円かかります。

贈与税額（暦年課税）の計算

（400万円－150万円）×母の持分割合3/4＝187万5,000円

187万5,000円－基礎控除額110万円＝77万5,000円

77万5,000円×税率（特例税率）10％＝7万7,500円

〈ポイント1〉母に贈与する認識がなかったら？

　本事例で、母には家賃をあげるつもりがないのに、長男が自分のものとして独り占めしていた場合はどうなるでしょうか？　この場合は、「あげます」、「もらいます」という贈与の認識がないため、贈与が成立しません。

　ただし、将来母が亡くなった際の相続税申告において、「名義預金」や「預け金」として取り扱う場合もあります。適正な金額の精算を行わないと、思わぬ課税につながるため、注意が必要です。

〈ポイント2〉共有不動産がある場合の所得税の確定申告

　共有不動産からの収入がある場合、共有者は持分割合に応じて収入と費用を按分し、それぞれが所得税の確定申告を行う必要があります。共有者のうち、家賃を管理している代表者が全額を自分の収入として確定申告するのは、誤った申告となります。

　本事例の場合、次のように所得金額を持分割合に応じて計算し、母と長男がそれぞれ所得税の確定申告を行います。

共有の賃貸用不動産に係る不動産所得の計算

単位：円

科目	金額	母 持分割合3/4	長男 持分割合1/4
賃貸料	4,000,000	3,000,000	1,000,000
①収入金額　合計	4,000,000	3,000,000	1,000,000
租税公課	200,000	150,000	50,000
損害保険料	120,000	90,000	30,000
減価償却費	500,000	375,000	125,000
その他経費	1,180,000	885,000	295,000
②必要経費　合計	2,000,000	1,500,000	500,000
①－②　所得金額(注)	2,000,000	1,500,000	500,000

（注）青色申告特別控除額は考慮していません。

事例48：親から相続した自宅を売って、売却代金を弟に分けたら？

 私（65歳）は、去年暮れに亡くなった母から実家を相続しました。弟（63歳）とは仲も良く、実家の近くに私が住んでいたこともあり、遺産分割協議書には、「自宅の土地と建物は、私に相続させる」と書いて、私の名義としました。

ただ、実家は空き家の状態ですし、私も弟も実家を早期に売却して、売却代金を半分ずつ分けるつもりです。これから、私名義で売却を行って、売却代金の半分を弟に渡そうと考えています。

何か税務上の問題はありますでしょうか？

A 遺産分割協議により、実家はあなたの所有となっていますので、売却代金を弟に半分渡した場合は、弟に贈与税がかかります。

解 説

（1）遺産分割協議のやり直しには税金がかかる

亡くなった方が遺言を残していない場合は、相続人同士で遺産分割協議を行い、合意した内容により財産を分割することとなります。

なお、当初の遺産分割協議が成立した後に、相続人全員が合意した場合は、遺産分割協議をやり直して、財産の分け方を変えることができます。

しかし、税務上は、最初に決まった遺産分割協議のやり直しは、相続人間での財産の贈与や譲渡と捉えられてしまいます。

本事例では、実家を兄の単独所有になるように、下記のように遺産分割協議書に記載していました。

「〇〇町〇〇番の不動産については、長男　〇〇真一に相続させる。」

このため、兄の所有になった実家の売却代金を弟に渡す場合は、遺産分割のやり直しとみなされるため、弟に贈与税がかかります。なお、兄については、実家の売却により利益（譲渡所得）が生じた場合、所得税・住民税がかかります。

本事例の課税関係

	兄	弟
かかる税金	所得税 住民税	贈与税

（2）換価分割

　相続財産の分割方法の一つに、「換価分割」という方法があります。これは、不動産などの現物として遺された財産をお金に換えて、相続人の間で割合を決めて分ける方法です。不動産など分割しづらい資産について使われる分け方です。

　換価分割についての、遺産分割協議書の記載例は下記となります。

●記載例①（不動産を全員で売却する場合）

　○○町○○番所在の不動産については、売却換価し、売却代金から売却に伴う諸費用を控除した残りの金額を、相続人○○真一（長男）、相続人○○真二（二男）が、2分の1ずつ取得する。

●記載例②（不動産を代表者名義で売却する場合）

1．○○町○○番所在の不動産は、相続人○○真一（長男）が取得する。
2．前項の不動産は売却換価し、売却代金から売却に伴う諸費用を控除した残りの金額を、相続人○○真一（長男）、相続人○○真二（二男）が、2分の1ずつ取得する。

　本事例では、当初の遺産分割協議の中で兄弟2人が実家を2分の1ずつ換価分割すると定めていれば、弟に贈与税はかかりませんでした。なお、実家の売却により利益（譲渡所得）が生じた場合、兄弟2人に所得税・住民税がそれぞれかかります。

換価分割による場合の税金

	兄	弟
かかる税金	所得税 住民税	所得税 住民税

〈ポイント〉安易な遺産分割協議のやり直しに注意

　遺産分割協議のやり直しを安易に行ってしまうと、新たに贈与税や所得税・住民税が生じてしまう場合があります。この場合、当事者間に重い税負担が発生してしまいますので、税理士に相談のうえ、相続手続を進めることを推奨します。

事例49：税務署から不動産購入についての「お尋ね」が届いたら？

Q 　私（50歳）は会社員です。以前から実家を離れて、東京の持家で妻子と暮らしています。

　数年前に父も亡くなり、静岡の実家には母（75歳）が独りで暮らしていますが、高齢の母が気になるため、私の自宅近くにあるマンションの一室を購入し、母を呼び寄せて、近くに住んでもらうことにしました。私の単独所有として売買契約も所有権の移転登記も行いました。

　ただ、数日前に税務署から私宛に「お買いになった資産の買入価額などについてのお尋ね」という郵便物が届き、驚いています。どのように対処すればよいのでしょうか？

　今回の不動産の購入については、全額、私自身の資金から支出しています。また、賃貸用として購入したわけでもないため、年金暮らしの母から家賃をもらうことは考えていません。

A 　税務署から「お尋ね」が届いたからといって、慌てる必要はありません。あなたは、税務上の課税関係がない状態です。しかし、税務署は個別事情を知らないため、不動産を購入したあなたに機械的に送付してきたのです。「お尋ね」の記載内容に従って回答し、返信すれば大丈夫です。

解　説

（1）「お尋ね」は注意喚起で送られてくる

　不動産の売買があったときに、税務署から直接「お尋ね」という郵便物が送られてくることがあります。これは、税務署があなたが何かあやしいことを行ったとして、牽制目的で送付してくるわけではありません。単に不動産の所有権移転登記の内容を見て、「税務申告が必応な場合は、適切に手続をお願いします」という注意喚起の意味で送付してくるものです。

　あなたの不動産購入の情報は、建築した業者や売買を仲介した不動産会社、または登記を行った司法書士が、税務署に提供しているのではありません。不動産の名義が売買や贈与などで変わった場合、法務局から税務署に不動産の所有権移転の登記情報が提供されています。この情報に基づいて、税務署は、売却による利益（譲渡所得）がありそうな者、贈与税のかかりそうな者、賃貸収入（不動産所得）がありそうな者に、申告漏れがないように「お尋ね」を機械的に一斉送付しているのです。お尋ねが

届いても、税務署に疑われているということではありませんので、ご安心ください。

（2）申告が不要な場合

　「お尋ね」の各項目を正しく記載して、税務署に返送すれば問題ありません。「お尋ね」が届いても回答しない場合は、税務調査に移行することがあるため、早めに回答することが望まれます。

（3）申告が必要な場合

　申告書を提出すれば、「お尋ね」に回答する必要はありません。

登記事項証明書のイメージ

共有部分の家屋番号	100-1-101～			

表題部（一棟の建物の表示）		調整	平成〇年〇月〇日	所在図番号	
所在	八王子市〇〇町　〇〇番地				
建物の名称	スカイガーデン大蔵財務				

①構造	②床面積　㎡		原因及びその日付
鉄筋コンクリート造陸屋根 6階建	1 階	450：00	
	2 階	400：00	
	3 階	400：00	
	4 階	400：00	
	5 階	380：00	
	6 階	380：00	

表題部（敷地権の目的である土地の表示）				
①土地の符号	②所在及び番地	③地目	④地積　㎡	登記の日付
1		宅地	2000：00	平成20年6月10日

表題部（専有部分の建物の表示）			不動産番号	
家屋番号	〇〇町　〇〇番1の202			
建物の名称	202			

①種類	②構造	③床面積　㎡		原因及びその日付［登記の日付］
居宅	鉄筋コンクリート造	2階部分	60：00	平成20年4月5日新築

表題部（敷地権の表示）			
①土地の符号	②敷地権の種類	③敷地権の割合	原因及びその日付［登記の日付］
1	所有権	1000分の100	平成20年6月5日敷地権 ［平成20年6月10日］

権利部（甲区）　（所有権に関する事項）			
順位番号	登記の目的	受付年月日 受付番号	権利者その他の事項
1	所有権保存	平成20年9月2日 第1000000号	原因　平成20年8月25日売買 八王子市〇〇町 〇〇　和也
2	所有権移転	令和4年10月5日 第2000000号	原因　令和4年10月5日売買 八王子市〇〇町 △△　健次

税務署はこの欄を見て「お尋ね」を送っています

税務署からのお尋ねのイメージ

お買いになった資産の買入価額などについてのお尋ね

（ 不 動 産 等 用 ）　　番　号　K

項	照会事項	回		答	事	項	
1 あなたの	職　業		年齢　　歳	2 共有者の	住　所		
	資産を買い入れた年の前年の所得	所得の種類（○で囲む）事業,農業,給与,不動産その他（　）	年間収入金額　　円		氏　名		あなたとの続柄
			年間所得金額　　円		職　業	年齢　　歳	持分割合　／

3 買い入れた資産の	所 在 地			種　類	細　目	面　積
						㎡
						㎡
	売主の住所氏名等	住所（所在地）		氏名（名称）		あなたとの関係
	買い入れの時期	契約　年　月　日（登記　年　月　日）	資産の利用状況（用途を○で囲む）居住用・営業用 賃貸用・その他	賃貸の場合	貸付期間（見込）賃貸料月額（見込）	年　月 円
	買 入 価 額	円	類製造の有無 有・無	土地の上に建物があり、土地と建物の所有者が異なる場合、その建物の所有者の	住所 氏名	あなたとの関係

4 関連費用	支 払 項 目	金　額	支払年月日	支払先住所（所在地）	支払先氏名（名称）
	登 記 費 用	円	・　・		
	仲 介 手 数 料	円	・　・		
		円	・　・		
	合　計　額	円		ほか未払金	円

5 支払金額（合計額）の調達方法	預貯金から	金　額	預貯金等の種類	預　入　先	名義人氏名	続柄
		円				
		円				
	借入金から	金　額	借入先の住所氏名等		借入名義人の氏名（続柄）	
		円	住所		（　　）	
			氏名	続柄		
		円	住所		（　　）	
			氏名	続柄		
	資産の売却代金から	売却年月日	金　額	売却資産の名義人	売却した資産の所在地	種類	数量	譲渡所得申告の有無	申告先税務署名
		・　・	円					有・無	
		・　・	円					有・無	
	贈与を受けた資金から	受贈年月日	金　額	贈　与　者 住所　　氏　名　　続柄				贈与税申告の有無	申告先税務署名
		円						有・無	
		円						有・無	
	その他から	円	給与・賞与・手持現金・その他（　　　　）			
	合　計	円				

通信欄	_____年___月___日に_____税務署へ回答済み。	（その他）

以上のとおり回答します。　　　　　　　　　　　　　　令和　　年　　月　　日

住所 _____

フリガナ
氏名 _____

電話　（　　　）

作成税理士	氏　名		電　話	（　　　）

（資5-38-A4標準）

事例50：家族間の贈与は、黙っていたら税務署に知られない？

Q 親から贈与を受けようと思います。黙っていれば、税務署には知られないと思うのですが、いかがでしょうか？

A 税務署は、様々な手段で贈与の事実を把握します。

無申告の場合、延滞税や加算税などの負担が生じます。また、本来は使えたはずの税制上の特例が使えなくなる場合もあります。

贈与を受けたら、必ず期限までに申告をしてください。

解　説

　税務署は、様々な手段を活用することで、贈与税の申告が漏れていないかを把握しています。

　例えば、親が契約者で、保険料を負担していた保険契約の満期保険金を子が受け取ったのに、子が贈与税の申告をしなかったとします。生命保険会社は一定額以上の満期保険金や解約返戻金を支払った場合、支払調書という保険契約の内容が記載された書類を税務署に必ず提出します。この書類をもとに税務署は贈与があったことを把握し、申告がされていなければ、「満期保険金を子が受け取っているのに、無申告だ」と判断するのです。

　また、贈与者である親が亡くなったときには、相続税の税務調査の中で、親と子の預金履歴がさかのぼって調査されます。親から子へ預金が移っていると思われる履歴があった場合、そこで贈与があったと把握するのです。

　その他にも、財産の名義は相続人だが、贈与を受けた認識がない場合は、名義財産として相続税がかかる場合もあります。

　税務調査が行われるかは金額の多寡で決まるものではなく、また、何か怪しいことをしたと判断されたから調査が行われるわけでもないため、どのようなケースで税務調査が入るのかを断言することはできません。

　これから贈与を受ける場合は、正しく贈与契約を結ぶこと、贈与税の申告を正しく行うことを推奨します。

【参考】税務署が贈与の事実を把握する主な手段

分類	主な把握手段	税務署の着眼点（例）
不動産関係	不動産の登記内容	親名義の不動産が子名義に昨年変わっている。 無償で名義を変更しているのではないか？
	不動産購入の「お尋ね」	子がマイホームを購入している。 自己資金と住宅ローンでは購入できない額ではないか？
	所得税確定申告書	子が住宅ローン控除を適用している。 自己資金と住宅ローンでは購入できない額ではないか？
法定調書	生命保険金などの支払調書	契約者が親の満期保険金を子が受け取っている。 贈与税の申告が必要なのに、提出されていない。
	国外送金等調書	海外在住の子にお金を送金しているが、仕送りではなく、贈与ではないか？
相続税の税務調査	過去の預金履歴の移動状況	亡くなった父から妻や子へ資金が移動しているが、贈与ではないか？
	相続人の所有資産の状況	収入の少ない家族が、高額な資産を所有している。 亡くなった父からの贈与ではないか？

Part II

贈与税の基本

① 贈与の基礎知識

「贈与」という言葉を誰でも一度は耳にしたことがあると思います。日常的に使われている言葉ではありませんが、たとえば、誕生日に友達からプレゼントをもらうことも、堅苦しい言葉を使うと「贈与」になります。

パート1で見てきた、「高級外車を買うのに親から500万円もらったら？（事例7）」、「マンションを購入するときに、親から2,000万円の援助を受けたら？（事例33）」、「親が新居に引っ越すことになったので、古い家と土地を娘が無償でもらったら？（事例34）」などの事例は、親子間での贈与の典型です。

そして、贈与が行われた場合には、事例の解説で説明したように、税金（贈与税）がかかることがあります。

上記の事例のように、税金がかかることがわかりやすい場合はいいのですが、「親が資金負担をして子ども名義で家を建てたら？（事例31）」、「親の土地を子どもが相場より安く買い取ったら？（事例39）」、「親が暮らす実家のリフォーム代を子どもが負担したら？（事例42）」といった事例のように、双方に「贈与した」、「贈与された」という認識がないうちに贈与をしている場合があります。このような場合でも、税務上は贈与税がかかる贈与をしていると判断されるので、注意が必要です。

1 贈与とは？

贈与とは、「贈与者（あげる人）」から「受贈者（もらう人）」へ財産を無償で渡すことをいい、民法第549条に
「贈与は、当事者の一方がある財産を無償で相手方に与える意思を表示し、相手方が受諾をすることによって、その効力を生ずる。」
と定められています。

一方が「あげます」という意思表示をし、もう一方が「もらいます」と受諾することによって「贈与」という契約が成立します。これを「諾成契約」といい、当事者の合意のみで成立する契約のことをいいます。

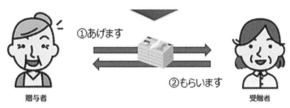

①あげます
②もらいます

贈与者　　　　　　　　　受贈者

2つ揃ってはじめて「贈与」という契約が成立

したがって、贈与は口頭の意思表示のみで、書面による取り交わしがなくても当事者間の合意があれば成立します。

ただし、民法第550条では、

「書面に寄らない贈与は、各当事者が撤回することができる。ただし、履行の終わった部分については、この限りでない。」

と定めています。

つまり、書面によらない口頭だけの贈与契約の場合には、未履行の部分についてはいつでも撤回できてしまうということです。

「あげます」、「もらいます」という意思表示をお互いに明確にし、後々のトラブルを避けるためにも、贈与を行うときには契約書を交わすようにしましょう。

2 贈与税の納税義務者

（1）　贈与税を支払うのはもらう人（受贈者）

贈与契約が成立すると、受贈者は無償で財産をもらうので、何の負担もなく経済的な利益を得ることになります。贈与税はそこに着目して課せられる税金で、個人間の贈与に対して課される税金です。

そのため、贈与があった場合には、利益を得る側である「受贈者（もらう人）」が、贈与税の納税義務者になります。財産をあげた人には贈与税はかかりません。

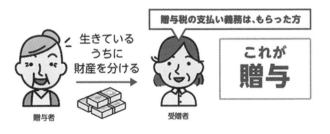

生きている
うちに
財産を分ける

贈与税の支払い義務は、もらった方

これが
贈与

贈与者　　　　　　　受贈者

（2） 国外に住む人に贈与した場合

（1）で述べたように、贈与税の対象となるのは原則として贈与により財産を引き継いだ「個人」です。

多くの場合、「日本国籍を持つ、日本国内の居住者」から「日本国籍を持つ、日本国内の居住者」へ「日本国内にある財産」を贈与することになると思います。

しかし、近年は仕事による海外赴任や拠点を海外に移して生活する日本人も増え、日常的に日本と海外との往来が活発になっているため、「国際結婚で海外に移住した子に現金を贈与した場合、贈与を受けた子は日本の贈与税を支払う必要があるのか？」、「海外に居住する人に贈与を検討しているが贈与税はどうなるのか？」といった疑問が生じることもあります。

この場合、贈与者と受贈者の居所をはじめ、様々な条件を勘案した上で、贈与税の納税義務者になるかどうかを検討することになるため、必ず税理士に相談しましょう。

（3） 法人から個人、個人から法人への贈与

「贈与」と聞くと「親から子へ」、「祖父母から孫へ」といった個人間でのやりとりをイメージすることが多いと思います。

しかし、なかには「個人から法人への贈与」や「法人から個人への贈与」をする場合もあります。

贈与税は「個人間の贈与」に対して課税される税金のため、この場合、贈与税ではなく、法人税や所得税の対象になります（117ページ「3　法人からの贈与により取得した財産」参照）。

あげた人（贈与者）		もらう人（受贈者）	
個人	課税なし	個人	贈与税
個人	所得税（みなし譲渡）	法人	法人税（受贈益）
法人	法人税（寄付金、給与・賞与などの経費）	個人	所得税（一時所得、給与）

2

贈与税の課税財産とみなし贈与

　贈与税は、個人からの贈与によって財産を無償で取得した場合に、その取得した財産に課税される税金です。お互いに「あげます」「もらいます」の意思の確認ができている贈与では、贈与税についての認識もあるものと思われます。

　注意が必要なのは、お互いに「あげます」、「もらいます」という認識がまったくない場合でも、税務上は贈与とみなされてしまう「みなし贈与」に該当してしまうケースです。

　具体的には、パート1の「資金負担と名義（持分割合）が違ったら？（事例30）」や「親の土地を子どもが相場より安く買い取ったら？（事例39）」のようなケースがみなし贈与に該当し、贈与税がかかることになります。

贈与税がかかる財産

基本的には、親族以外はもちろんのこと、親や祖父母などの親族からもらった財産も含めて、個人から無償でもらったものはすべて贈与税の対象となります。

ここでいう財産とは、金銭だけではなく、株などの金融商品、不動産、保険金や自動車をはじめ、各種権利など経済的価値のあるものすべてをいいます。

ただし、もらった財産の中に贈与税がかからない「非課税財産」がある場合には、その分については、贈与税はかかりません（116ページ参照）。

 みなし贈与財産

「みなし贈与」とは、本来の贈与ではないものの、その性質と実態によって、受け取る側が経済的利益を受けたものとして、「税務上の贈与」とみなされ、贈与税の対象となるものをいい、次に掲げるような事案はみなし贈与と判断される場合があります。

贈与の意図はなく、日常生活の中で無意識に行っている行為が、税務上では贈与と判断され贈与税が課されるため、注意が必要です。

（1） 贈与とみなされる保険契約

保険料の負担をしていない人が、保険金を一時にあるいは分割して受け取った場合には、保険料の負担をした人から、その保険金を受け取った時に贈与があったものとみなして、贈与税がかかります。ただし、病気やケガにより受け取る保険金は除かれます。

生命保険契約の満期や解約により保険金を受け取った場合、年金形式で分割して保険金を受け取る場合には、保険料負担者（保険契約者）、保険金受取人が誰であるかによって、所得税、贈与税のいずれかの課税対象になります。

また、保険契約者の名義変更をしただけでは、贈与税はかかりません。例えば、保険契約者（保険料負担者）父、受取人子の保険契約で、父が保険料を払い込んだ後に契約者を子に変更した場合、名義変更をした時点では贈与税はかからず、子が保険金を受け取った時に、子に対して所得税ではなく贈与税がかかります。

　なお、被保険者の死亡により受け取った保険金のうち、被保険者が保険料の負担者となっていたものについては、贈与税ではなく、相続税の対象となります。

死亡保険金にかかる税金の組合せ

ケース	契約者	保険料負担者	被保険者（被相続人）	受取人	税金の種類
1	父	父	父	子	相続税
2	父	父	母	父	所得税
3	父	父	母	子	贈与税
4	子	父	母	子	贈与税

（2）　親からの借入金

　親や祖父母などの親族から借入をした場合には、その借入が、借入金の返済能力や返済状況などからみて真に金銭の貸借であると認められる場合には、贈与になりません。

　しかし、その借入金が無利息などの場合には、利息に相当する金額の利益を受けたものとして、その利益相当額は、贈与として取り扱われる場合があります。

　また、返済の途中で免除してもらった場合は、その免除した金額が贈与とみなされます。

　なお、「あるとき払いの督促なし」や「出世払い」などのような場合には、借入金そのものが実質的には贈与とみなされます。

（3）　第三者からの借入金

　例えば、金融機関からの借入を親族に代わりに払ってもらうなど、借金の肩代わりをしてもらった場合なども親族からの贈与とみなされます。

　ただし、債務者が資力を喪失して債務を弁済することが困難である場合において、その困難である部分の金額を親族が代わりに支払った場合はみなし贈与となりません。

（4）　不動産等の名義変更

　対価の支払もなく不動産等の財産の名義変更を行った場合には、無償で所有権が移転することになるため原則として贈与税がかかります。

　不動産の名義変更では、譲り渡す側と譲り受ける側で贈与契約を締結し、所有権移転の登記を行いますが、この行為が贈与となります。

114

その他、共有所有の不動産のうち、共有者の1人がその持分を放棄した場合も、放棄した人に対して他の共有者から放棄した持分に相当する対価の支払がなければ、贈与とみなされます。

（5） 低額での譲渡

贈与を受ける際に、対価の支払（有償）をすれば贈与税はかからないかというと、そうではありません。

贈与を受けた財産の時価に比べて著しく低い対価を支払った場合（通常の取引価格以下の支払）には、その財産の時価と実際に支払った対価の額の差額について、その財産を譲った人からの贈与とみなされて贈与税がかかります。

時価とは、その財産が不動産（土地や借地権および家屋や構築物）である場合には、通常の取引価額に相当する金額をいいます。

（6） 同族会社の株価が増加する場合

同族会社の株価が、次のような行為で増加する場合には、その同族会社の株主または社員に対して、次に掲げる人から間接的に贈与があったとみなされる場合があります。

株価上昇の要因となる行為	贈与したとみなされる人
① 同族会社に無償で財産の提供を行った場合	財産を提供した人
② 時価より著しく低い価額で現物出資があった場合	現物出資をした人
③ 対価を受けないで会社の債務免除、引受け又は弁済があった場合	債務の免除等をした人
④ 会社に対し時価よりも著しく低い価額の対価で財産の譲渡をした場合	譲渡した人

例えば、会社が個人から無償で財産の提供を受けた場合、会社の資産が増えることになるので株価も増加します。その法人の株を所有している別の個人株主にとっては、知らないうちに所有している株の価額が上昇することになります。それが、結果的に、個人から個人への贈与があったものとみなされるのです。

（7） 信託に関する権利

信託の効力が生じた場合において、適正な対価を負担せずに信託の受益者等となるときなどには、信託に関する権利を贈与により取得したものとみなされます。

（8）　負担付贈与

　負担付贈与とは、贈与を受ける側に一定の債務を負担させることを条件とした財産の贈与をいいます。

　例えば、贈与した不動産にローンが残っている場合で残りのローンを贈与を受けた人が引き継ぐ場合などが、負担付贈与にあたります。

　負担付贈与があった場合は、贈与を受けた財産の価額から負担額を控除した価額が、贈与税の対象となります。贈与を受けた財産が不動産等の場合には、贈与された金額は相続税評価額で計算するのではなく、その贈与の時における通常の取引価額に相当する金額（時価）で計算します。

【参考】賃貸アパートの贈与と敷金の負担

　贈与する賃貸アパートに敷金がある場合、敷金相当分の現金を一緒に贈与しないと負担付贈与となります。敷金とは、賃借人が、賃料や修繕費等の担保のため、あらかじめ賃貸人に差し入れるお金をいいます。賃借人が退去するときに、賃貸人は敷金を返還する義務があります。そして、建物の所有者が代われば、敷金の返還義務は当然に新しい所有者に引き継がれるものとされています。

　例えば、500万円の敷金がある賃貸アパートを親から子へ贈与する場合、建物だけ贈与をしても、敷金500万円の返還義務も親から子へ引き継がれます。この場合、負担付贈与になるため、贈与されたアパートは時価で評価します。

　一方、アパートの贈与と同時に敷金相当分の500万円の金銭贈与を行う場合は、子は敷金の返還義務について実質的な負担がないと認定されます。このため、負担付贈与にあたらず、贈与されたアパートは相続税評価額で評価します。

　不動産の評価額は、一般的に、時価よりも相続税評価額のほうが低いとされています。したがって、賃貸アパートを贈与する場合は、敷金相当分の金銭も合わせて贈与することで、受贈者の贈与税額の負担を軽減できる可能性があります。なお、敷金相当分の500万円には、贈与税はかかりません。

③　みなし贈与の判断ポイント

　みなし贈与となる場合の明確な判断基準はありませんが、「対価を支払わないで」または「著しく低い価額の対価で」「利益を受けた場合」という点がポイントとなります。「利益を受けた場合」とは、おおむね利益を受けた人の財産の増加または債務の減少があった場合を指し、労務の提供等を受けた場合などは含みません。

贈与税の非課税財産

　贈与税は、個人が財産を無償で受け取った時に、その経済的価値に対して課税される税金です。

　ただし、贈与を受けた財産のうち、財産の性質や贈与の目的などから見て一定の財産については、贈与税がかからないこととなっています。このような財産を贈与税の非課税財産といい、贈与を受けた財産に非課税財産がある場合には、その非課税財産部分は贈与税の申告・納税は必要ありません。

　贈与税の非課税財産は、具体的には下記のようなものになります。

1　生活費または教育費

　扶養義務者相互間において生活費または教育費に充てるためにした贈与により取得した財産のうち、通常必要と認められるものについては、贈与税が課されません。

　贈与税の非課税財産は、生活費や教育費として必要な都度渡されるものに限られます。例えば、まとまったお金を贈与し、それが、生活費や教育費に充てられず、預貯金として残っている場合は、贈与税の課税対象になります。

（1）　扶養義務者の範囲
　①　配偶者
　②　直系血族（父母、祖父母、子、孫）及び兄弟姉妹
　③　家庭裁判所の審判を受けて扶養義務者となった三親等内の親族（養子）
　④　三親等内の親族（おじ、おば、甥、姪など）で生計を一にする（同居している）者

（2）　生活費の具体例
　①　家賃・食費・日用品・家電購入費などの仕送り
　②　医療費

③　結婚式や披露宴の費用

④　婚姻時の家具や家電あるいはこれらの購入資金

⑤　出産時の検査・検診代、分娩・入院費

（3）　教育費の具体例

①　授業料、教材費、文具費

②　通学費

③　修学旅行費

④　受験料

⑤　留学費用

2　社会通念上必要なもの

　個人から受ける香典や花輪代、お中元やお歳暮などの贈答品、祝い金や見舞金などで、社会通念上相当と認められるものは、贈与税が課されません。

　「社会通念上相当と認められるもの」というと、非常にあいまいな表現ですが、「一般的に」あるいは「常識の範囲内で」という言葉に置き換えて考えます。具体的な金額は特に示されていません。

3　法人からの贈与により取得した財産

　法人から財産を贈与により取得した場合には、贈与税ではなく所得税がかかります。

　また、所得税として課税される場合でも、その法人との間に雇用関係があれば給与所得として課税され、雇用関係がない場合には一時所得として課税されるため、税金の計算方法が異なります。

（1）　給与所得の場合

　給与所得とは、勤務先から受ける給料、賃金、賞与などの所得をいい、次のように計算します。

> 給与所得の金額　＝　収入金額　－　給与所得控除額

118

収入金額には、金銭で支給されるもののほか、勤務先から商品などを無償または低い価額で譲り受けたことなどによる経済的利益も含まれます。

（2） 一時所得の場合

一時所得とは、営利を目的とする継続的行為から生じた所得以外の所得で、労務や役務の対価としての性質や、資産の譲渡による対価としての性質を有しない、保険の一時期や満期返戻金などの一時の所得をいい、次のように計算します。

$$\text{一時所得の金額} = \text{収入金額} - \text{収入を得るために支出した金額}^※ - \text{特別控除額（最高50万円）}$$

※ その収入を得るために、直接要した金額に限ります。

4 その他

そのほか、次のようなものが贈与税の非課税財産となります。

① 公益事業用財産
② 特定公益信託からの奨学金など
③ 心身障害者扶養共済制度に基づく給付金の受給権
④ 公職選挙法の規定による報告がされた寄附金
⑤ 特定障害者扶養信託契約に基づく信託受益権

【参考】障害者控除

身体や精神に障害のある方は、所得税、相続税においても以下のような特例を受けることができます。

障害者本人が受けられる特例

特例の区分	障害者	特別障害者
所得税の障害者控除	27万円を控除	40万円を控除
相続税の障害者控除	障害者が85歳に達するまでの年数1年につき10万円を控除	障害者が85歳に達するまでの年数1年につき20万円を控除
少額貯蓄の利子等の非課税	350万円までの預貯金等の利子等→非課税（所得税）	

贈与税の課税方法

　贈与税は、一人の人が贈与の年の１月１日から12月31日までの間にもらった財産の合計額に応じて課税されます。

　贈与税の課税方法には「暦年課税」（原則）と「相続時精算課税」（適用には要件があります。）の２つがあり、相続時精算課税を選択するかどうかは、贈与税の納税義務者である受贈者が決めることになります。その際、例えば父からの贈与は相続時精算課税、母からの贈与は暦年課税というように贈与者ごとに異なる課税方式を選択することができます。

　なお、贈与税の制度には年齢要件が付されているものがあります。これまでは、成年年齢が20歳でしたが、民法が改正され令和4年4月1日から、成年年齢が18歳に引き下げられました。それに伴い、贈与税に関する年齢要件も以下のように改正されています。

○　令和４年３月31日以前の贈与の場合⇒受贈者の年齢：20歳以上
○　令和４年４月１日以後の贈与⇒受贈者の年齢：18歳以上

 ## 暦年課税

　暦年課税の場合、基礎控除額（＝贈与税が課されない金額）は110万円になりますので、１年間にもらった財産の合計額が110万円以下の場合には、贈与税はかかりません。また、贈与税の申告も必要ありません。

　１年間（１月１日から12月31日）にもらった財産の合計額が110万円を超える場合には、次の計算方法により贈与税額を算出し、申告期限（翌年の３月15日）までに所轄税務署に申告書を提出し、納税することになります。

　なお、暦年課税は原則的な課税方法のため、あげる人（贈与者）、もらう人（受贈者）に要件はありません。

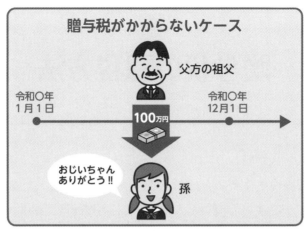

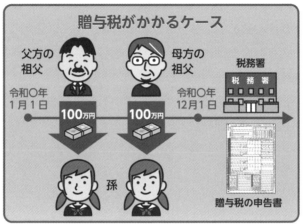

（1）　暦年課税の計算方法

　贈与税は、下記「（2）贈与税の速算表」をもとに、以下の計算式にあてはめて計算します。

$$贈与税額 \ = \ \left(\begin{array}{c} 1年間で贈与され \\ た財産の合計額 \end{array} \ - \ \begin{array}{c} 基礎控除額 \\ 110万円 \end{array} \right) \ \times \ 税率 \ - \ 控除額$$

　基礎控除額は、贈与をした人ごとではなく、贈与を受けた人ごとに1年間で110万円です。1年間に、複数の人から贈与を受けた場合には、それぞれの贈与金額を合計した金額から110万円の基礎控除額を控除して贈与税額を計算します。

暦年課税における基礎控除

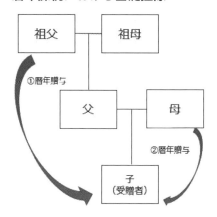

①と②合わせて、基礎控除は110万円

【暦年課税の計算方法の具体例】

（例）令和５年分のＡさんの贈与税額（暦年贈与の場合）
  令和５年４月　父方の祖父より100万円の贈与
  令和５年９月　母方の祖父より100万円の贈与

  Ａさんが１年間に贈与を受けた金額が基礎控除額を超えるため、以下の算式
により贈与税を計算

　　（課税価額）　　（基礎控除額）（税率）（控除額）
　（100万円＋100万円）－　110万円　× 10％ －　0円　＝9万円

祖父母からの贈与なので
特例税率（下表）を参照

（２）　贈与税の速算表

　贈与税の税率は、「特例贈与財産」と「一般贈与財産」に区分されます。

①　特例贈与財産（特例税率）

　この速算表は、直系尊属（祖父母や父母など）から、その年の１月１日において
18歳以上の者（子・孫など）への贈与税の計算に使用します。

　例えば、祖父母から孫への贈与、父母から子への贈与などに使用します（配偶者の
父母からの贈与には使用できません。）。

基礎控除後の課税価格	200万円以下	400万円以下	600万円以下	1,000万円以下	1,500万円以下	3,000万円以下	4,500万円以下	4,500万円超
税　率	10%	15%	20%	30%	40%	45%	50%	55%
控除額	－	10万円	30万円	90万円	190万円	265万円	415万円	640万円

② 　一般贈与財産（一般税率）

　この速算表は、「特例贈与財産」に該当しない場合の贈与税の計算に使用します。

　例えば、兄弟間の贈与、夫婦間の贈与、親から子への贈与で子が18歳未満の場合に使用します。

基礎控除後の課税価格	200万円以下	300万円以下	400万円以下	600万円以下	1,000万円以下	1,500万円以下	3,000万円以下	3,000万円超
税　率	10%	15%	20%	30%	40%	45%	50%	55%
控除額	－	10万円	25万円	65万円	125万円	175万円	250万円	400万円

【参考】贈与と名義預金

　贈与は財産をあげる、もらうというお互いの意思がないと成立しません。例えば、親が子名義の預金口座に勝手に貯金をしていた場合には、もらう側の意思がないため贈与は成立していません。親は贈与のつもりであったとしても、贈与は成立していないので、子名義の預金口座は親の口座であり、いわゆる名義預金になります。名義預金は親の相続財産として、将来相続税の課税対象となります。

2　相続時精算課税

　相続時精算課税は、次の要件を満たした親族間での贈与の場合に、受け取る人（受贈者）が選択することにより適用される制度です。

　この制度では、贈与を受けた年に、いったん次の（2）の計算方法により贈与税を計算し、贈与税額がある場合には贈与税を申告・納税します。その後、贈与者が亡くなった時に、生前に贈与を受けていた財産と相続財産を合計した価額をもとに算出した相続税額から、既に納税している贈与税額を控除することで、相続時に精算する制度です。したがって、相続税の前払いという側面もあります。

　一度この制度を選択すると、その後、同じ贈与者からの贈与については「暦年課税」へ変更することはできません。

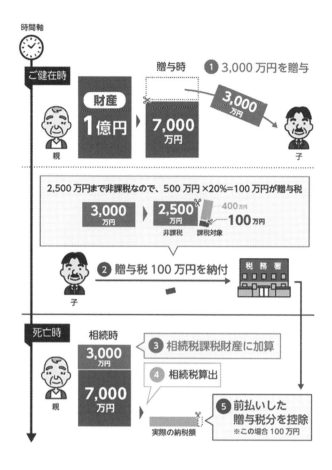

（1）　相続時精算課税の適用を受けるための要件

　相続時精算課税は、次の要件に該当する場合に、贈与者ごとに選択することができます。

① 　贈与者

　贈与をした年の1月1日において60歳以上の父母または祖父母

② 　受贈者（＝申告・納税者）

　贈与を受けた年の1月1日において18歳以上の者のうち、贈与者の直系卑属（子や孫）である推定相続人または孫

③ 　申告方法

　この制度を選択しようとする受贈者は、贈与税の申告期限内に「相続時精算課税選択届出書」を贈与税の申告書に添付し、所轄の税務署に提出します。

124

（2）　相続時精算課税の計算方法

　相続時精算課税については、暦年課税とは異なり、相続時精算課税を選択した贈与者ごとに贈与税額を計算します。

　この制度には2,500万円の特別控除額があり、同一の人からの贈与については、2,500万円に達するまでは複数年にわたり何度でも控除することができ、贈与税がかかりません。贈与額が2,500万円を超えた場合は、超えた額に対して20％（一律）の贈与税が課されます。

　ただし、その贈与税は相続時に相続税額から控除され、相続税額が少ない場合には差額が還付されます。

● 　令和5年12月31日までの贈与の場合

$$
贈与税額 = \left(\begin{array}{c} 1年間で \\ 贈与された \\ 財産の合計額 \end{array} - \begin{array}{c} 特別控除額 \\ 2,500万円 \\ （※限度額） \end{array} \right) \times \begin{array}{c} 税率20\% \\ （一律） \end{array}
$$

※　前年以前において、すでに特別控除額を控除している場合は、残額が限度額となります。

　相続時精算課税には、暦年課税のような基礎控除はありません。したがって、相続時精算課税を選択した贈与者から贈与があった場合は、必ず贈与税の申告書を提出する必要があります。

【相続時精算課税の計算方法の具体例（令和5年12月31日までの贈与）】

（例1） 父から子へ相続時精算課税を選択して複数年にわたり贈与をした場合

（1） 相続時精算課税制度を選択した年

① 贈与額　　　　　2,000万円

② 特別控除額　　　2,000万円≦2,500万円　∴2,000万円

③ 贈与税額　　　　（①－②）×20％＝0円

※　贈与税額が0円でも申告は必要です。

④ 控除額の残額　　2,500万円－2,000万円＝500万円

（2） （1）の翌年に100万円贈与した場合

① 贈与額　　　　　100万円

② 特別控除額　　　100万円≦500万円（上記（1）④）　∴100万円

③ 贈与税額　　　　（①－②）×20％＝0円

※　贈与税額が0円でも申告は必要です。

④ 控除額の残額　　500万円（上記（1）④）－100万円（上記②）＝400万円

（3） （2）の翌年に500万円贈与した場合

① 贈与額　　　　　500万円

② 特別控除額　　　500万円≧400万円（上記（2）④）　∴400万円

③ 贈与税額　　　　（①－②）×20％

$$＝（500万円－400万円）×20％＝20万円$$

> 父の相続の際に、子が相続人になった場合は、この20万円が相続税額から控除されます。

④ 控除額の残額　　400万円（上記（2）④）－②＝0円

（例2） 父の相続が発生した場合

3回目（500万円）の贈与を受けた後、父の死亡により母（妻）と子が相続人となった場合

（1） 相続財産

① 預金　　　　　400万円

② 株　　　　　　600万円

③ 土地　　　　5,000万円

④ 生前贈与　　2,600万円

　　　合計　　　8,600万円

> 生前贈与している財産の価額（（例1）の（1）①＋（2）①＋（3）①）を相続財産に合算します。

（2）　相続税額の計算

$$8,600万円-\underset{\text{（基礎控除）}}{（3,000万円＋600万円×2）}=4,400万円$$

（法定相続分）

妻　$4,400万円×\dfrac{1}{2}=2,200万円$

子　$4,400万円×\dfrac{1}{2}=2,200万円$

（税率）

妻　$2,200万円×15\%-50万円＝280万円$

子　$2,200万円×15\%-50万円＝280万円$

相続税額　$280万円＋280万円＝560万円$

（3）　相続税の納付税額の計算

妻が取得した財産　　①預金160万円＋③土地5,000万円＝5,160万円

あん分割合　　　　　5,160万円／8,600万円＝0.6

子が取得した財産　　①預金240万円＋②株600万円＋

　　　　　　　　　　④生前贈与2,600万円＝3,440万円

あん分割合　　　　　3,440万円／8,600万円＝0.4

妻の納付税額　　　　560万円×0.6－「配偶者の税額の軽減※」＝0

　　　　　　　　　　（5,160万円≦1億6千万円）

| 贈与時に納付している分を控除！ |

（贈与税額）

子の納付税額　　　　560万円×0.4－ 20万円 ＝204万円

※　「配偶者の税額の軽減」とは、配偶者が受け取る相続財産の課税価格が1億6,000万円以下か、課税価格の合計額に配偶者の法定相続分を乗じた相当額以下の場合は、相続税がかからない制度です。

【参考】相続時精算課税と住宅取得等資金の贈与の非課税特例の併用

　相続時精算課税は、原則として、60歳以上の父母または祖父母からの贈与に限って選択することができる制度です。

　しかし、一定の要件を満たした住宅の購入等をするための資金の贈与に限っては、贈与者である父母または祖父母の年齢が贈与の年の1月1日において60歳未満の場合でも、相続時精算課税を選択することができます。

　また、住宅の購入等のための贈与の場合は、132ページの「住宅取得等資金の贈与

の非課税特例」を利用することで省エネ等住宅の場合は1,000万円（それ以外の住宅等の場合は500万円）まで非課税となります。このとき、贈与された金額から「住宅取得等資金の贈与の非課税特例」の非課税額を控除した残額がある場合には相続時精算課税の特別控除額である2,500万円を適用することができるため、最大で3,500万円まで非課税となります。

　なお、相続時精算課税を適用した金額は、贈与者の相続時に相続税の課税価格に加算されます。

【参考】令和6年1月1日以後の対応

　令和5年度税制改正により、令和6年1月1日以後の贈与について、相続時精算課税は、次のように改正されました。

①　特別控除2,500万円のほかに、毎年110万円の基礎控除が創設され、110万円以下の贈与については申告が不要になります（複数の特定贈与者から贈与を受けた場合は、それぞれの贈与額に応じて按分します。）。

相続時精算課税における基礎控除（新設）

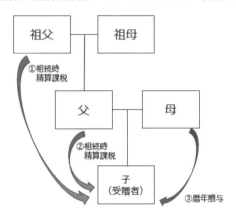

①と②合わせて、基礎控除は110万円
（贈与額に応じて按分）

③で基礎控除は110万円

②　特定贈与者の死亡に係る相続税の課税価格に加算等される贈与財産の価額には①で控除された基礎控除額は加算しない（つまり、基礎控除を差し引いた残額を加算する）。

③　相続時精算課税で受贈した土地・建物が、災害により一定以上の被害を受けた場合は、相続時に再計算する取扱いを設ける。

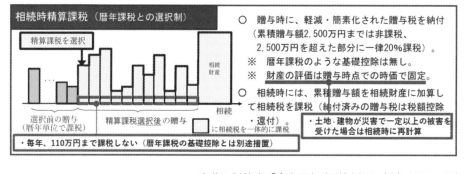

出典：財務省「令和5年度税制改正（案）について」

❸ 暦年課税と相続時精算課税の選択のポイント

　相続時精算課税は、一度選択すると、その贈与者からの贈与については暦年課税の適用ができなくなります。したがって、暦年課税と相続時精算課税のどちらの方法を選択するかは、それぞれの特徴（130ページの比較表参照）を理解したうえで慎重に判断する必要があります。例えば、次の4つの例を参考に検討してみるとよいでしょう。

① 相続人以外の複数の人に、少額の金銭を継続的に贈与する場合

　暦年課税は基礎控除額は少ないですが、贈与対象者は特に定められていません。したがって、相続人以外の人に少額の金銭を継続的に贈与することで、結果的にまとまった財産を非課税で贈与することができます。

　暦年贈与は、相続の際に相続開始前一定期間の贈与を相続財産に加算して計算する規定がありますが（142ページ参照）、この規定の対象となるのは、相続で財産を取得した人です。

　通常、子の配偶者や孫（子がすでに死亡している場合などを除きます。）は法定相続人ではないので、遺言で財産を取得したり、生命保険金を受け取ったりすることがなければ、生前贈与加算の規定から除外されます。また、孫に贈与することで、資産の移転には時間がかかりますが、子への相続でかかるはずだった相続税を回避して、孫に直接、資産を移転することができる場合もあります。

② 特定の人に不動産などの大きな財産を贈与する場合

　相続時精算課税には2,500万円の特別控除額があるので、暦年課税と比較して贈与税の負担が少なく、短い期間で大きな額の資産を移転することができることから、上記①とは逆に、子や孫に不動産などの大きな財産を贈与する場合には、相続時精算課

税の適用を検討してみます。

　ただし、不動産を贈与する場合には注意点もあります。

　相続時精算課税を使って子や孫に自宅の土地などを贈与すると、相続のときに比べて不動産取得税や登録免許税の税率が高くなる場合があります。また、相続時に相続税額が大きく減額になる「小規模宅地等の特例」を使うことができなくなります。

　「小規模宅地等の特例」とは、故人の自宅の土地などを相続したときに、要件を満たせばその土地などの相続税の課税価格の計算の特例を受けられる制度で、相続税額の大幅な減額につながります。しかし、この制度は相続や遺贈によって取得した財産にしか適用されないため、相続時精算課税の贈与により取得した土地などには適用されません。

　したがって、同居している親族などに土地や建物を譲りたいと考えている場合には、贈与税以外にかかる税金の負担や、将来に発生する相続税のことも加味して検討する必要があるため、必ず税理士に相談しましょう。

③　将来値上がりする可能性がある財産を贈与する場合

　相続時精算課税を適用して受けた贈与財産については、その贈与時の価額で相続したものとして、相続財産に加算して、相続税を計算します。

　そのため贈与した財産が相続時に贈与時より値上りしていれば、相続時より低い価額で相続財産に加算することができますが、値下りしている場合、相続時より高い価額で相続財産に加算しなければなりません。

　したがって、将来上場を予定しているなど値上がりの可能性がある株式や、再開発地域にある土地などは、あらかじめ相続時精算課税を使って価額の低いうちに、まとめて贈与しておくのもひとつの方法です。

④　収益物件を贈与する場合

　アパートなどの収益物件を所有している場合には、家賃収入を得られる建物だけを先に贈与することを検討します。家賃収入は建物の所有者に帰属するため、将来の家賃収入から受ける利益を、早い段階で次の世代に移転させることができます。

　建物の贈与では、固定資産税評価額を基に贈与税額を計算することにとなりますが、高額な場合が多いので、相続時精算課税を選択することで贈与税の負担を抑えることができます。

　どちらの課税方式を選択するかは納税者である受贈者に委ねられています。それぞれの課税方式の特徴を理解した上で、最大限のメリットを享受するためには、「誰に、

何を（何の目的で）、どのくらいの期間で贈与するのか？」を早めに計画し、シミュレーションをしておくことが大変重要になります。

暦年課税と相続時精算課税との比較表

	暦年課税	相続時精算課税
控除額	110万円（毎年）	2,500万円（限度額） ※令和6年1月1日以後は127ページ参照
税率	累進課税（10％〜55％）	20％（一律）
申告義務	基礎控除額（110万円）以下の場合なし	選択した贈与者からの贈与があった場合は必ず申告 ※令和6年1月1日以後は127ページ参照
贈与者	要件なし	贈与をした年の1月1日において60歳以上の父母又は祖父母 （住宅取得資金等に係る相続時精算課税制度の特例の場合は年齢制限なし）
受贈者	要件なし	贈与を受けた年の1月1日において18歳以上の者のうち、贈与者の直系卑属（子や孫）である推定相続人又は孫
相続税への影響	相続開始前3年以内（142ページ参照）に、相続または遺贈により取得した財産がある場合には、相続財産に加算 ※令和6年1月1日以後については、143ページ参照。	この制度を選択した後に受けた贈与財産は、すべて相続財産に加算（142ページ参照） ※令和6年1月1日以後については、143ページ参照。

5 贈与税の非課税制度

　贈与税には、116ページで解説した贈与税の対象とならない非課税財産のほかに、経済の活性化や子世代への早期の資産移転を目的として、所定の手続をすることで、贈与税が課されない非課税制度があります。贈与の目的に合わせた非課税制度を利用することで、税負担を抑えて資産を移転することができます。

1 配偶者控除（おしどり贈与）

（1）　制度の概要

　婚姻期間が20年以上の夫婦が、配偶者に対し居住用の不動産、あるいは、居住用不動産の購入資金の贈与をした場合は、贈与税の基礎控除110万円のほかに、最高2,000万円まで贈与税が非課税となる特例です。

　この特例を受けるためには、登記事項証明書や戸籍謄本、戸籍の附票など、一定の書類を添付して、贈与税の申告をすることが必要です。

（2）　適用要件

① 　夫婦の婚姻期間が20年を過ぎた後に贈与が行われること

　（この制度は同じ配偶者から一生に一度しか適用を受けることができません。）

② 　配偶者から贈与された財産が、居住用不動産であること、または居住用不動産を取得するための金銭であること

③ 　贈与を受けた年の翌年3月15日までに、その居住用不動産に贈与を受けた者が居住しており、その後も引き続き居住する見込みであること

（3）　制度のメリット・デメリット

　この特例を使って配偶者に贈与した財産は、相続直前の贈与であっても相続財産に加算されません（142ページ参照）。

　しかし、この制度の注意点として、不動産そのものの贈与の場合は、不動産取得税や登録免許税が課税されることになります。相続で不動産を取得した場合は、不動産

取得税は非課税、登録免許税も贈与時の５分の１になりますが、本制度では軽減される措置はありません。

　また、相続税の特例として、「小規模宅地等の特例」（129ページ参照）や、「配偶者の税額の軽減」（126ページ参照）もありますので、おしどり贈与を利用して生前贈与をするべきか、相続時に対応すべきかについては様々なシミュレーションを行った上で総合的に判断する必要があります。

２　住宅取得等資金の贈与の非課税特例

（1）　制度の概要

　令和４年１月１日から令和５年12月31日までの間に父母や祖父母などの直系尊属から、自宅の購入、または増改築の費用の贈与を受けた場合、一定の要件を満たすときは、次の限度額まで贈与税が非課税となります。

　この制度も、贈与税の基礎控除110万円と併用が可能です。

●省エネ等住宅（※）の場合…1,000万円

●それ以外の場合…500万円

　（※）　省エネ等住宅とは

　　次のイからハのいずれかの「省エネ基準」に適合する住宅用の家屋で、住宅性能証明書などで証明されたもの

　　イ　断熱等性能等級４級以上もしくは一次エネルギー消費量等級４級以上

　　ロ　耐震等級（構造躯体の倒壊等防止）２以上もしくは免震建築物

　　ハ　高齢者等配慮対策等級（専用部分）３以上

（2）　適用要件

①　贈与をした人は贈与を受けた人の直系尊属（父、母、祖父母）であること

②　贈与を受けた年の１月１日において18歳以上であること（119ページ参照）

③　贈与を受けた年の合計所得金額が2,000万円以下であること（新築等をする住宅用家屋の床面積が40m²以上50m²未満の場合は、1,000万円以下）

④　平成21年から令和３年まで、「住宅取得等資金の非課税」の適用を受けたことがないこと（一定の場合を除きます）

⑤　自己の配偶者、親族など一定の特別の関係がある人から住宅用家屋を取得したものでないこと、またはこれらの方との請負契約等により、新築もしくは増改築等を

したものではないこと

⑥　贈与を受けたときに、日本国内に住所を有していること

　※　受贈者が一時居住者であり、かつ、贈与者が外国人贈与者または非居住贈与者である場合を除きます

⑦　贈与を受けた年の翌年3月15日までに住宅取得等資金の全額を住宅用家屋の購入等に充てること

⑧　贈与を受けた年の翌年3月15日までにその家屋に居住すること、または、同日後遅滞なく居住することが確実と見込まれること

⑨　贈与の翌年の2月1日から3月15日までに、非課税の特例の適用を受ける旨を記載した贈与税の申告書を税務署に提出していること

（3）制度の注意点

　この特例は、贈与された年の翌年の3月15日までに贈与を受けた資金により住宅用家屋を取得等し、実際に居住する必要があります。

　よって、購入や、新築・増改築の計画が具体的になってから贈与を受けましょう。

　購入計画がないのに事前に住宅取得用資金として贈与を受けたり、購入等をした後に贈与を受けてもこの特例は適用できません。

（4）対象となる家屋

①　新築住宅の場合

　イ　登記床面積が40m²以上240m²以下であること

　ロ　店舗併用住宅の場合は、2分の1以上が住宅であること

②　中古住宅の場合

　イ　建築後、住宅として使用されたものであること

　ロ　登記床面積が40m²以上240m²以下であること

　ハ　店舗併用住宅の場合は、2分の1以上が住宅であること

　ニ　登記簿上の建築日付が昭和57年1月1日以降であること（新耐震基準に適合しているとみなされます）

　ホ　その日付前である場合には

　　・新耐震基準に適合していることについて証明されたもの

　　・既存住宅売買瑕疵保険に加入している一定のもの

　ヘ　新耐震基準に適合しない場合でも、取得の日までに耐震改修工事を行うことにつき、一定の申請書等に基づいて都道府県知事などに申請をし、かつ、贈与を受

けた翌年３月15日までにその耐震改修によりその住宅用の家屋が耐震基準に適合することとなったことにつき一定の証明書等により証明がされたもの

③　増改築の場合
イ　増改築後の登記床面積が40m²以上240m²以下であること
ロ　店舗併用住宅の場合は、２分の１以上が住宅であること
ハ　工事費用が100万円以上であること
ニ　増改築等に係る工事が、自己が所有し、かつ、居住している家屋に対して行われたもので、一定の工事に該当することについて、「確認済証の写し」、「検査済証の写し」または「増改築等工事証明書」などの書類により証明されたものであること

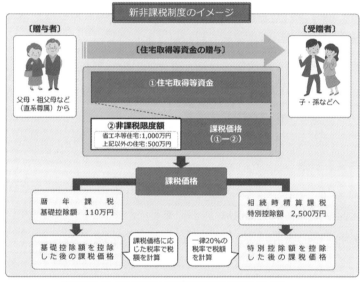

このあらましは、令和４年11月１日現在の法令に基づいて作成しています。

出典：国税庁パンフレット（令和４年11月）

 教育資金の一括贈与の非課税特例

（１）　制度の概要

　平成25年４月１日から令和８年３月31日までの間に30歳未満の子や孫（贈与を受けた年の前年の合計所得金額が1,000万円以下の場合に限ります。）が、直系尊属（父母・祖父母）から教育資金の贈与を受けた場合、最大1,500万円（学校等以外の者に支払われるものについては500万円が限度）まで、贈与税が非課税となる制度です。

　この制度は、贈与を受けた人が、贈与税の申告書を直接税務署へ提出するのではなく、金融機関等で教育資金口座の開設等を行った上で、その金融機関等が「教育資金非課税申告書」を税務署へ提出することにより、贈与税が非課税となります。

　なお、教育資金口座は受贈者１人につき、１つしか開設できません。

（※）　教育資金口座の取扱いの有無については、各金融機関等の営業所等にお尋ねください。

（2）　教育資金の範囲

①　学校等に対して直接支払われる次のような金銭をいいます。

　イ　入学金、授業料、入園料、保育料、施設設備費又は入学（園）試験の検定料など

　ロ　学用品の購入費、修学旅行費や学校給食費など学校等における教育に伴って必要な費用など

　※　「学校等」とは、学校教育法で定められた幼稚園、小・中学校、高等学校、大学（院）、専修学校及び各種学校、一定の外国の教育施設、認定こども園又は保育所などをいいます。さらに、令和５年４月１日以後は、一定の要件を満たす認可外保育施設も対象となります。

②　学校等以外の者に対して直接支払われる次のような金銭で教育を受けるために支払われるものとして社会通念上相当と認められるものをいいます。

　【イ】　役務提供または指導を行う者（学習塾や水泳教室など）に直接支払われるもの

　　ハ　教育（学習塾、そろばんなど）に関する役務の提供の対価や施設の使用料など

　　ニ　スポーツ（水泳、野球など）または文化芸術に関する活動（ピアノ、絵画など）その他教養の向上のための活動に係る指導への対価など

　　ホ　ハの役務の提供またはニの指導で使用する物品の購入に要する金銭

　【ロ】　【イ】以外（物品の販売店など）に支払われるもの

　　ヘ　ロに充てるための金銭であって、学校等が必要と認めたもの

　　ト　通学定期券代、留学のための渡航費などの交通費

　※　令和元年７月１日以後に支払われる上記ハ～ホの金銭で、受贈者が23歳に達した日の翌日以後に支払われるものについては、教育訓練給付金の支給対象となる教育訓練を受講するための費用に限ります。

（3）　教育資金口座が終了となる場合

　教育資金口座に係る契約は、次のイ～ホの事由に応じそれぞれに定める日のいずれか早い日に終了します。

イ	受贈者が30歳に達したこと（その受贈者が30歳に達した日において学校等に在学している場合または教育訓練を受けている場合（これらの場合に該当することについて金融機関等の営業所等に届け出た場合に限ります。）を除きます。）	30歳に達した日
ロ	受贈者（30歳以上の者に限ります。ハにおいて同じです。）がその年中のいずれかの日において学校等に在学した日または教育訓練を受けた日があることを、金融機関等の営業所等に届け出なかったこと	その年の12月31日
ハ	受贈者が40歳に達したこと	40歳に達した日
ニ	受贈者が死亡したこと	死亡した日
ホ	口座の残高が0（ゼロ）になり、かつ、その口座に係る契約を終了させる合意があったこと	合意に基づき終了する日

※　ニの事由に該当した場合には、贈与税の課税価格に算入されるものはありません。

（4）　贈与税の対象となる場合

　上記（3）により、教育資金口座の契約が終了した場合（ニを除きます）、非課税の適用を受けるために祖父母などが拠出した金額から、実際に教育費として支出した金額を控除した残額があるときは、その残額はその契約終了時に贈与があったものとみなされ贈与税の課税対象となります。

　その結果、その年の贈与税の課税価格の合計額が基礎控除額を超えるなどの場合には贈与税がかかるため、贈与税の申告期限までに贈与税の申告、納付を行う必要があります。

※　令和元年7月1日以後にこれらの終了事由に該当することとなった場合に適用されます。

　その際、拠出した金額の残額のみなし贈与については、拠出（贈与した）時期によって以下の税率が適用されます。

　　令和5年3月31日まで　⇒　特例税率（121ページ参照）

　　令和5年4月1日以後　⇒　一般税率（122ページ参照）

（5）　相続税の対象となる場合

　教育資金口座の契約期間中に贈与者が死亡した場合、次のイまたはロに掲げる場合に該当するときは、贈与者が死亡した旨を金融機関等の営業所等へ届け出る必要があります。このとき、教育資金口座に一定の残高（管理残額）がある場合、その残額が受贈者が相続等によって取得したものとみなされ相続税の課税対象になります。

　それにより、贈与者から相続等により財産を取得した人（受贈者本人や他の相続人など）それぞれの課税価格の合計額が、遺産に係る基礎控除額を超える場合には相続税がかかるため、申告期限までに相続税の申告、納付を行う必要があります。

　なお、受贈者が贈与者の子以外（孫など）の者である場合には、令和３年４月１日以後に贈与により取得をした信託受益権等に対応する部分は、相続税額の２割加算が適用されます（144ページ参照）。

※　管理残額は、各金融機関等の営業所等で確認します。

イ　令和３年４月１日以後にその贈与者から信託受益権等の取得をし、この非課税制度の適用を受けた場合

ロ　平成31年４月１日から令和３年３月31日までの間にその贈与者から信託受益権等の取得（その死亡前３年以内の取得に限ります）をし、この非課税制度の適用を受けた場合

※　受贈者が贈与者の死亡日において、①23歳未満である場合、②学校等に在学している場合または③教育訓練給付金の支給対象となる教育訓練を受けている場合（②または③に該当する場合は、その旨を明らかにする書類を上記の届出と併せて提出した場合に限ります）は、相続等によって取得したものとはみなされません。

※　令和５年４月１日以後に取得する信託受益権等に係る相続税については、当該贈与者の死亡に係る相続税の課税価格の合計額が５億円を超えるときは、上記にかかわらず、相続等によって取得したものとみなされます。

拠出時期	～H31.3.31	上記ロ（H31.4.1～R3.3.31）	上記イ（R3.4.1～）
相続税	課税なし	相続開始前３年以内の拠出分に限り、課税あり	課税あり
２割加算	適用なし	適用なし	適用あり

138

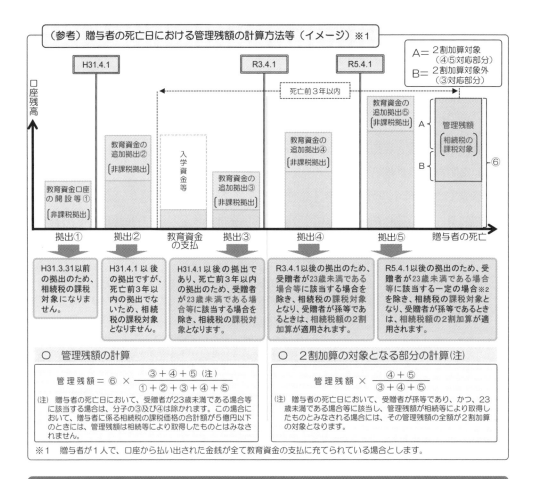

（参考）贈与者の死亡日における管理残額の計算方法等（イメージ）※1

A＝2割加算対象（④⑤対応部分）
B＝2割加算対象外（③対応部分）

口座残高

H31.4.1　R3.4.1　R5.4.1

死亡前3年以内

教育資金の追加拠出⑤【非課税拠出】　A
管理残額（相続税の課税対象）　⑥
B

教育資金の追加拠出②【非課税拠出】

入学資金等

教育資金の追加拠出④【非課税拠出】

教育資金の追加拠出③【非課税拠出】

教育資金口座の開設等①【非課税拠出】

拠出①　拠出②　教育資金の支払　拠出③　拠出④　拠出⑤　贈与者の死亡

H31.3.31以前の拠出のため、相続税の課税対象になりません。

H31.4.1以後の拠出ですが、死亡前3年以内の拠出でないため、相続税の課税対象となりません。

H31.4.1以後の拠出であり、死亡前3年以内の拠出のため、受贈者が23歳未満である場合等に該当する場合を除き、相続税の課税対象となります。

R3.4.1以後の拠出のため、受贈者が23歳未満である場合等に該当する場合を除き、相続税の課税対象となり、受贈者が孫等であるときは、相続税額の2割加算が適用されます。

R5.4.1以後の拠出のため、受贈者が23歳未満である場合等に該当する一定の場合※2を除き、相続税の課税対象となり、受贈者が孫等であるときは、相続税額の2割加算が適用されます。

○　管理残額の計算

$$管理残額 ＝ ⑥ × \frac{③＋④＋⑤（注）}{①＋②＋③＋④＋⑤}$$

（注）贈与者の死亡日において、受贈者が23歳未満である場合等に該当する場合は、分子の③及び④は除かれます。この場合において、贈与者に係る相続税の課税価格の合計額が5億円以下のときには、管理残額は相続等により取得したものとはみなされません。

○　2割加算の対象となる部分の計算（注）

$$管理残額 × \frac{④＋⑤}{③＋④＋⑤}$$

（注）贈与者の死亡日において、受贈者が孫等であり、かつ、23歳未満である場合等に該当し、管理残額が相続等により取得したものとみなされる場合には、その管理残額の全額が2割加算の対象となります。

※1　贈与者が1人で、口座から払い出された金銭が全て教育資金の支払に充てられている場合とします。

令和5年度税制改正による主な改正事項について

令和5年度税制改正においては、適用期限が令和8年3月31日まで3年延長されるとともに、令和5年4月1日以後に取得する信託受益権等に係る課税上の取扱いについて、次のとおりとされました。

⑴　信託等があった日から教育資金管理契約の終了の日までの間に、贈与者が死亡した場合において、その贈与者の死亡に係る相続税の課税価格の合計額が5億円を超えるときは、受贈者が23歳未満である場合等であっても、その贈与者の死亡の日における管理残額（非課税拠出額から教育資金支出額を控除した残額）を、その受贈者がその贈与者から相続等によって取得したものとみなされることとされました。

⑵　教育資金管理契約が終了した場合において、非課税拠出額から教育資金支出額を控除（相続等により取得したものとみなされた管理残額も控除します。）した残額に暦年課税の贈与税が課されるときは、一般税率を適用することとされました。

（参考）贈与者死亡時における管理残額の相続税課税

課税関係 / 拠出時期	～H31.3.31	H31.4.1～R3.3.31	R3.4.1～R5.3.31	R5.4.1～
管理残額の相続税課税	課税なし	死亡前3年以内の非課税拠出分に限り課税あり	課税あり	課税あり
23歳未満である場合等に該当	課税なし	課税なし	課税なし	課税あり※
相続税額の2割加算	適用なし	適用なし	適用あり	適用あり

※　贈与者に係る相続税の課税価格の合計額が5億円以下である場合には、課税されません。

出典：国税庁パンフレット（令和5年5月）

（6）　制度のメリット

　生活費や教育費として、必要な場合にその都度渡されるものについては、贈与税は

非課税です（116ページ参照）が、パート１の「子どもが数年分の生活費をまとめてもらったら？（事例13）」のように、必要な都度ではなく一括して贈与した場合は、贈与税がかかる可能性があります。

　この教育資金の一括贈与の非課税特例のメリットは、事前に一括して贈与をしても贈与税がかからないことです。

　ただし、孫への教育資金の一括贈与については、贈与者が死亡した場合に相続税の対象になり、２割加算（144ページ参照）が適用されるので、これらの要素も含めて検討し、適切に利用することが望ましいと考えられます。

4　結婚・子育て資金の一括贈与の非課税特例

（1）　制度の概要

　平成27年４月１日から令和７年３月31日までの間に18歳以上50歳未満の子や孫（前年の合計所得金額が1,000万円以下の場合に限ります。）が、直系尊属（父母・祖父母）から結婚・子育て資金の贈与を受けた場合、最大1,000万円（結婚に際して支払う金銭については、300万円を限度）まで、贈与税が非課税となる制度です。

　この制度も教育資金の一括贈与の非課税特例と同様、贈与を受けた人が、贈与税の申告書を直接税務署へ提出するのではなく、金融機関等で一定の結婚・子育て資金口座の開設等を行い、金融機関等が「結婚・子育て資金非課税申告書」を提出することにより、贈与税が非課税となります。

　なお、結婚・子育て資金口座は、受贈者１人につき１つしか開設できません。

※　結婚・子育て資金口座の取扱いの有無等については、各金融機関等の営業所等にお尋ねください。

（2）　結婚・子育て資金の範囲

①　結婚に際して支払う次のような金銭（300万円が限度）をいいます。

　イ　挙式費用、衣装代等の婚礼（結婚披露）費用（婚姻の日の１年前の日以後に支払われるもの）

　ロ　家賃、敷金等の新居費用、転居費用（一定の期間内に支払われるもの）

②　妊娠、出産及び育児に要する次のような金銭をいいます。

　ハ　不妊治療・妊婦健診に要する費用

　ニ　分べん費等・産後ケアに要する費用

140

ホ　子の医療費、幼稚園・保育所等の保育料（ベビーシッター代を含みます）など

（3）　結婚・子育て資金口座が終了となる場合

結婚・子育て資金口座に係る契約は、次の①〜③の事由に該当したときに終了します。

①　受贈者が50歳に達したこと

②　受贈者が死亡したこと

③　口座の残高が0（ゼロ）になり、かつ、その口座に係る契約を終了させる合意があったこと

（4）　贈与税の対象となる場合

上記（3）により結婚・子育て資金口座の契約が終了したとき（②を除きます）に、非課税の適用を受けるために拠出した金額から、実際に結婚・子育て資金として支出した金額を控除した残額があるときは、その残額はその契約終了時に贈与があったものとみなされ贈与税の課税対象となります。

その結果、その年の贈与税の課税価格の合計額が基礎控除額（110万円）を超えるなどの場合には、贈与税の申告期限までに贈与税の申告を行う必要があります。

その際、拠出した金額の残額のみなし贈与については、拠出（贈与した）時期によって以下の税率が適用されます。

令和5年3月31日まで　⇒　特例税率（121ページ参照）

令和5年4月1日以後　⇒　一般税率（122ページ参照）

（5）　相続税の対象となる場合

結婚・子育て資金口座の契約期間中に贈与者が死亡した場合には、贈与者が死亡した旨を、金融機関等の営業所等へ届け出る必要があります。そのとき、結婚・子育て資金口座に一定の残高（管理残額）がある場合、その残額は受贈者が相続等によって取得したものとみなされ相続税の課税対象となります。

それにより、その贈与者から相続等により財産を取得した人（受贈者本人や他の相続人など）それぞれの課税価格の合計額が、遺産に係る基礎控除額を超える場合には、相続税がかかるため申告期限までに相続税の申告を行う必要があります。

なお、受贈者が贈与者の子以外（孫など）の者である場合には、令和3年4月1日以後に贈与により取得をした信託受益権等に対応する部分は、相続税額の2割加算の適用があります（144ページ参照）。

※　管理残額は、各金融機関等の営業所等で確認します。

相続税との関係

　贈与税は、生前に贈与することで相続税の課税を逃れようとする行為を防ぐという意味で、相続税を補完する役割を果たしています。

　贈与税と相続税は、それぞれ計算方法が違い、申告書の様式もそれぞれ別々にありますが「贈与税法」という税法は存在せず、「相続税法」に贈与税についての規定があります。

1　相続開始年分の贈与

　贈与者が贈与をした年に亡くなった場合、贈与を受けた人の贈与税の取扱いは次のとおりとなります。

（1）　相続時精算課税の適用を受けている者

　相続時精算課税を選択している場合、この制度を選択した人から贈与を受けた財産はすべて相続財産に加算して相続税を計算することとなります。

　したがって、贈与者が贈与をした年に亡くなった場合には贈与税の申告をする必要はありません。

　ただし、亡くなった年に相続時精算課税の適用を受ける場合には「相続時精算課税選択届出書」を①贈与税の申告書の提出期限（贈与を受けた翌年の３月15日まで）または②贈与者の死亡に係る相続税の申告書の提出期限（相続開始の日の翌日から10か月を経過する日まで）のいずれか早い日までに、亡くなった贈与者の相続税の納税地の所轄税務署に提出します。

（2）　相続時精算課税の適用を受けていない者

　イ　相続財産を取得する場合…贈与税の申告は不要になり、相続税の申告で精算することになります。

　ロ　相続財産を取得しない場合…贈与税の申告が必要になります（通常の申告）。

2 相続時精算課税を適用している場合

　贈与者に相続が発生し、相続時精算課税の適用者が相続人になった場合には、その適用を受けて贈与された財産は相続により取得した財産とみなされ、相続財産に加算して相続税額を計算します。

　この計算の結果が相続税の基礎控除額（3,000万円＋600万円×法定相続人の数）以下の場合には、相続税の申告義務はありません。相続時精算課税を適用して贈与された財産について、すでに贈与税額の支払があるときは、相続税の申告をすることによって還付を受けることができます。この還付を受けるための申告は、相続開始の日の翌日から起算して5年を経過する日までとなっています。

 ## 3 相続開始前3年以内の贈与加算（暦年課税）

　被相続人から相続開始前3年以内に行われた贈与については、その贈与によって取得した財産の価額を相続財産に加算して、相続税の計算をすることになります。これを「生前贈与加算」といいます。

　贈与税の基礎控除額は110万円ですので、110万円以下の贈与を受けていた場合、贈与税の申告・納税は贈与時には不要です。

　しかし、相続開始前3年以内の贈与については、110万円以下であっても相続財産に加算する必要があるため、注意が必要です。

【生前贈与加算の申告要否の具体例】

	贈与内訳	贈与税の申告要否	相続税申告時の贈与財産の加算
①	相続開始前3年以前の贈与：200万円	必要	なし
②	相続開始前3年以内の贈与：150万円	必要	あり
③	相続開始前3年以内の贈与：100万円	不要 （基礎控除110万円以下）	あり
④	相続開始前3年以内の贈与：200万円	不要 （相続開始年の贈与は申告不要）	あり

　上記の例では、相続財産に加算される金額は、合計450万円（②＋③＋④）となります。①、②の贈与について贈与税の申告をしていなければ、期限を過ぎていますが申告が必要です。

　なお、相続税の計算においては、課された贈与税を差し引いて、納付する相続税額を算出します。

〈ポイント〉孫への相続開始前3年以内の贈与

　相続開始前3年以内に贈与が行われた場合には、贈与された財産の価額を相続財産に加算して、相続税の計算をすることになりますが、被相続人からの相続開始前3年以内の贈与であっても、その贈与を受けた人が、「相続または遺贈により財産を取得した者」でない場合には、生前贈与加算を行う必要はありません。

　たとえば、孫は相続人ではありません（子が先に死亡することにより、孫が代襲相続人になっている場合は除きます。）ので、遺言で遺贈されていなければ、「相続または遺贈により財産を取得した者」にはあてはまりません。したがって、孫への贈与は生前贈与加算の対象とはされません。

　相続税対策を考えるのであれば、相続開始前3年以内の生前贈与加算の対象とならない孫への贈与は有効であると考えられます。

　ただし、生命保険の受取人となっていた場合は、相続により財産を取得したとみなされ、生前贈与加算の対象となります。

┌─【参考】令和6年1月1日以後の対応 ──────────────

　令和5年度税制改正により、令和6年1月1日以後の贈与については、上記3「相続開始前3年以内の贈与」が、「7年以内の贈与」に延長されました。

　なお、従来からの3年以内の贈与に該当しない場合（延長された4年間の贈与）は、合計100万円までは相続財産に加算されません。

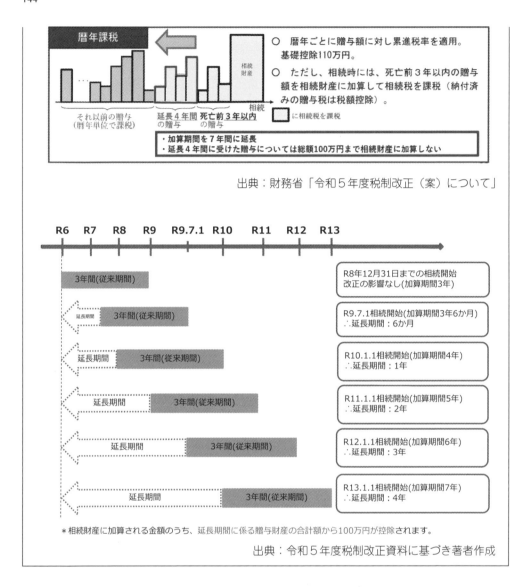

出典：財務省「令和５年度税制改正（案）について」

出典：令和５年度税制改正資料に基づき著者作成

---

4 相続税額の２割加算

　相続税額の２割加算とは、相続や遺贈、または相続時精算課税の適用を受ける贈与によって財産を取得した人が、亡くなられた方の

・配偶者

・子（代襲相続人となった孫（直系卑属）を含みます。）

・父母

のいずれでもない場合には、その人の相続税額に相続税額の２割に相当する金額が加算される制度です。

　例えば、相続時精算課税を選択して贈与を受けていた孫や、遺言により相続人でない人が財産の遺贈を受けた場合、兄弟姉妹が相続した場合などが2割加算の対象になります。

　なぜこのような制度があるのかというと、通常なら孫への相続は、まず子への相続があって次に子から孫への相続となり、2回相続税がかかるところを、直接、孫に相続することにより、子への相続時に負担すべき相続税を回避することができるためです。

　また、血縁関係が遠い人や、遺言で遺贈を受けた相続人でない第三者が財産を引き継ぐ場合は、偶然性が高く、それだけ税負担能力も高いと考えられているからです。

2割加算の対象になる人、ならない人

2割加算の対象になる人	2割加算の対象にならない人
① 兄弟姉妹 ② 甥・姪 ③ 祖父母 ④ 代襲相続人でない孫 ⑤ 孫養子 ⑥ 子の配偶者・内縁の妻など相続人でない第三者 ⑦ 特別縁故者	① 配偶者 ② 父母 ③ 子（代襲相続した孫） ④ 養子縁組した人（婿養子など）

加算される金額

各人の税額控除前の相続税額×0.2

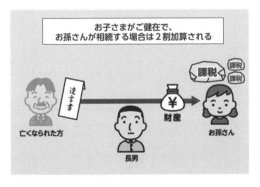

お子さまがご健在で、お孫さんが相続する場合は2割加算される

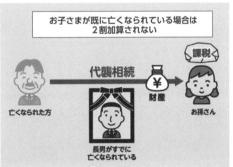

お子さまが既に亡くなられている場合は2割加算されない

Part III

ケーススタディ
贈与税のポイントと申告書の書き方

●各ケースの前提条件・留意事項●

- 各ケースの事例は、令和5年中の贈与とします。

- 各ケースの登場人物の年齢は、令和5年1月1日現在とします。

- 各ケースの受贈者は、各対象者以外の者から贈与を受けておらず、相続時精算課税制度を選択する場合は、今回の贈与から初めて適用するものとします。

- 各ケースに記載されていない税務上の他の要件は、すべて満たしているものとします。

- 申告書の記載例は、令和4年分の様式を基に作成しています。そのため、実際の令和5年分の様式と異なる場合があります。

親から現金500万円をもらった場合

　会社員の墨田雄介（35歳）は、妻と長男の３人家族です。

　今年10月に父の墨田一郎（71歳）から、自動車の購入資金と家族旅行の資金を援助してもらうため、現金500万円を贈与してもらいました。

　雄介は今年、一郎以外からの贈与は受けていません。

贈与を受ける場合の税務上のポイント

○その贈与が「非課税」に該当しないかを確認しましょう

　扶養義務者（父母や祖父母など）から、通常必要な生活費や教育費に充てるための現金をもらった場合には、贈与税はかかりません。

　今回は、自動車の購入と家族旅行に充てる資金の贈与のため、通常必要な生活費や教育費に該当せず、非課税とはなりません。

○暦年課税の基礎控除額110万円を超えるかを確認しましょう

　暦年課税には年間110万円の基礎控除額が設けられています。今年の１月１日から12月31日までの１年間に贈与された合計額が110万円以下（110万円を超えない）であれば、贈与税はかかりません。

　雄介が受けた贈与（500万円）は110万円を超えるため贈与税がかかります。

○暦年課税と相続時精算課税のどちらを選択するかを確認しましょう

　一郎が60歳以上、雄介が18歳以上の場合、相続時精算課税の年齢要件を満たすため、相続時精算課税を選択することができます。暦年課税と相続時精算課税のメリット・デメリットを踏まえて、申告方法を選択する必要があります。

1　暦年課税と相続時精算課税の選択

　雄介の場合は、現金を贈与で受け取っています。贈与税の納税は現金で行うため、原則的な暦年課税を選択すると、雄介は48万5,000円の贈与税を支払う必要があります。

　ただ、雄介の場合は、下記の条件を満たしているため、相続時精算課税による申告を行えば、贈与税の負担はありません。

- 父である一郎からの贈与であること。
- 雄介（35歳）が18歳以上、一郎（71歳）が60歳以上と、相続時精算課税の対象年齢を満たしていること。

　このため、今年の贈与税の負担だけに着目すると、相続時精算課税のほうが有利です。ただし、相続時精算課税を選択する場合は、主に次の点を検討しなければなりません。

①　一郎が亡くなった際の相続税の税額に影響する

　一郎の相続はまだ先と思われますが、一郎の所有している財産の額によっては、相続税がかかる可能性があります。この場合、雄介が一郎から受けた過去の贈与額は、相続税の計算上足し戻して計算しますので、相続税の金額に影響が及びます。

②　他の相続人に贈与を受けたことを知られてしまう

　もし、雄介に兄弟姉妹がいる場合、一郎が亡くなった際には、兄弟姉妹も相続人となります。雄介が一郎から受けた過去の贈与額は、相続税の計算上足し戻して計算しますので、雄介が贈与を受けたことを兄弟姉妹に知られてしまいます。

　雄介以外の兄弟姉妹が贈与を受けていない場合や、贈与の金額に差がある場合などは、不公平と思われてしまい、関係が悪くなってしまう可能性があります。

③　暦年課税に戻ることはできない

　一度、相続時精算課税を選択すると、一郎から雄介への贈与は今後すべて相続時精算課税となり、暦年課税に戻ることはできません。

　翌年以降も贈与を計画している場合や、贈与者の年齢が比較的若い時点からの贈与を計画している場合は、相続時精算課税を選択しないほうが望ましいケースもあります。

　現行法においては、相続時精算課税を選択した翌年以後の贈与は、金額の大小にかかわらずすべて贈与税の申告をしなければならないとされています。

　令和５年度税制改正で、令和６年１月１日以後の贈与では相続時精算課税にも基礎控除額110万円が創設されることになりました。この範囲内であれば贈与税の申告は不要となり、相続税の計算上足し戻す必要もありません（贈与者が複数人の場合は、贈与額に応じて基礎控除額が調整計算されます）。110万円以下の贈与をコツコツと続ける場合は、使い勝手がよくなると思われます。

　こうした事情を踏まえたうえで、雄介は暦年課税または相続時精算課税を選択する必要があります。

150

2 申告書の記載例

(1) 暦年課税の場合

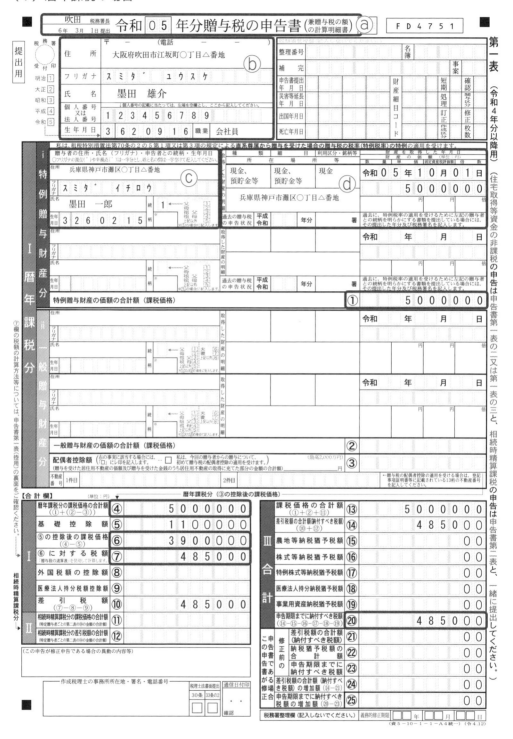

【「第一表　贈与税の申告書」の記載方法】

ⓐ　提出先の税務署（受贈者の住所地の所轄税務署）、提出日、提出年分を記入します。

ⓑ　受贈者の氏名、住所、マイナンバー（個人番号）、生年月日、職業を記入します。

ⓒ　贈与者の氏名、生年月日、住所、受贈者からみた贈与者の続柄を記入します。

ⓓ　贈与により取得した財産の種類、所在地、価額などを記入します。

①欄　特例贈与財産の価額の合計額を記入します。

　→18歳以上の者が直系尊属（父・母・祖父母など）から贈与を受けた場合、贈与税額の計算上特例税率が適用されるため、この事例では「特例贈与財産分」の欄に贈与を受けた金額を記入します。

④欄　暦年課税の対象になる贈与財産の価額の合計額（課税価格）を記入します。

⑥欄　④の課税価格から基礎控除額110万円を引いた金額を記入します。

⑦欄　⑥の課税価格に対する税額を記入します。

⑳欄　申告期限までに納付すべき税額を記入します。

　※　その他の欄は、様式の記載に従って計算した結果を記入していきます。

152

（2）相続時精算課税の場合

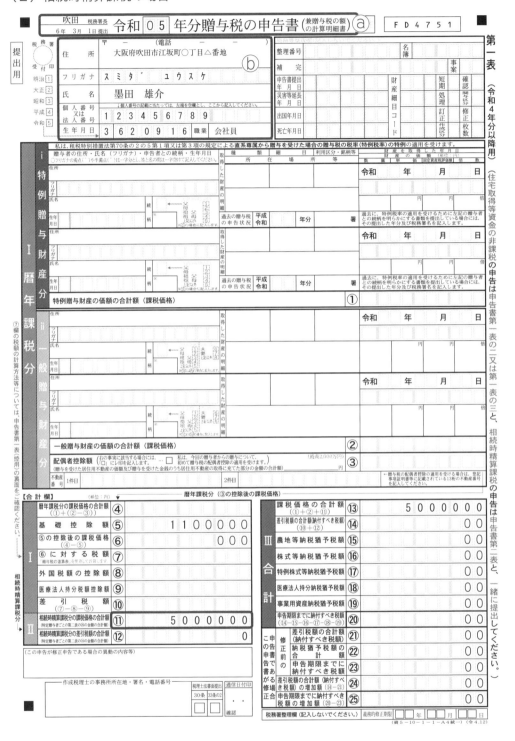

【「第一表　贈与税の申告書」の記載方法】

ⓐ　提出先の税務署（受贈者の住所地の所轄税務署）、提出日、提出年分を記入します。

ⓑ　受贈者の氏名、住所、マイナンバー（個人番号）、生年月日、職業を記入します。

⑪欄　第二表の㉖の金額を記入します。

　※　その他の欄は、様式の記載に従って計算した結果を記入していきます。

コラム

相続時精算課税を選択するかで迷ったときは？

　毎年、数多くの相続税申告をお手伝いしていますが、過去に相続時精算課税による贈与を受けたことを忘れている相続人の方が多くいらっしゃいます。

　「贈与税がかからないと税務署で言われたので、そのとおり申告をしたかもしれない」とおっしゃる方、「十数年前のことなので全く覚えていない」とおっしゃる方など様々です。

　しかし、相続時精算課税を選択適用したことは、税務署にしっかりと記録管理されています。相続税申告で贈与財産の加算を忘れてしまうと、確実に修正申告を求められますので、財産をもらった方が相続時精算課税を使ったことを忘れないよう管理することが必要です。

　相続時精算課税の「精算」とは、将来の相続の際に、贈与で受けた財産を文字どおり「精算」するという意味です。相続が発生した時に、非課税で移した財産を精算して課税する制度ですから、将来の相続税までをトータルで考えると節税にならないこともあります。

　令和5年度税制改正で相続時精算課税に基礎控除額110万円が創設され、使い勝手がよくなると思われますが、選択するかどうかの判断は慎重にされたほうがよいでしょう。

　ところで、「税務署や税理士が開催している無料相談会で相談すれば、相続時精算課税の選択について正しくアドバイスしてくれる」とお考えの方がいらっしゃるかもしれません。

　しかし、こうした無料相談は時間も限られますし、どうしても一般的な内容という前提での回答になってしまいます。相続時精算課税の選択に限らず、税制上の有利不利の判定は、家族構成・年齢・財産額・ライフプランなど様々な情報を踏まえて、慎重に判断しないと正しい答えを出すことはできません。

　判断に迷われたときは、税理士に依頼されることをお勧めいたします。

FD4737

令和 ０５ 年分贈与税の申告書 （相続時精算課税の計算明細書）

ⓐ

受贈者の氏名　墨田　雄介

第二表　（令和４年分以降用）（第二表は、必要な添付書類とともに申告書第一表と一緒に提出してください。）

提出用

次の特例の適用を受ける場合には、□の中にレ印を記入してください。

□ 私は、租税特別措置法第70条の３第１項の規定による**相続時精算課税選択の特例**の適用を受けます。

（単位：円）

相続時精算課税分

特定贈与者の住所・氏名(フリガナ)・申告者との続柄・生年月日

○フリガナの濁点(゛)や半濁点(゜)は一字分とし、姓と名の間は一字空けて記入してください。

住所

兵庫県神戸市灘区○丁目△番地　ⓑ

種　類	細　目	利用区分・銘柄等	財産を取得した年月日 財産の価額の金額
所　在　場　所　等			数量　単価　固定資産税評価額　倍数
現金、預貯金等	現金、預貯金等	現金	令和 ０５ 年 １０ 月 ０１ 日
			５０００００
兵庫県神戸市灘区○丁目△番地　ⓒ			円　円　倍
			令和　年　月　日
			円　円　倍
			令和　年　月　日
			円　円　倍

フリガナ　スミタ゛　イチロウ

氏名　墨田　一郎

続柄 1　父 1、母 2、祖父 3、祖母 4、1〜4以外 5

生年月日 3 2 6 0 2 1 5

─明治 1、大正 2、昭和 3、平成 4

特別控除額の計算

財産の価額の合計額（課税価格）	㉖	５０００００
過去の年分の申告において控除した特別控除額の合計額（最高2,500万円）	㉗	
特別控除額の残額（2,500万円−㉗）	㉘	２５０００００
特別控除額（㉖の金額と㉘の金額のいずれか低い金額）	㉙	５０００００
翌年以降に繰り越される特別控除額（2,500万円−㉗−㉙）	㉚	２００００００

税額の計算

㉙の控除後の課税価格（㉖−㉙）【1,000円未満切捨て】	㉛	０００
㉛に対する税額（㉛×20％）	㉜	００
外国税額の控除額（外国にある財産の贈与を受けた場合で、外国の贈与税を課せられたときに記入します。）	㉝	
差引税額（㉜−㉝）	㉞	０

上記の特定贈与者からの贈与により取得した財産に係る過去の相続時精算課税分の贈与税の申告状況	申告した税務署名	控除を受けた年分	受贈者の住所及び氏名（「相続時精算課税選択届出書」に記載した住所・氏名と異なる場合にのみ記入します。）
	署	平成 令和　年分	
	署	平成 令和　年分	
	署	平成 令和　年分	
	署	平成 令和　年分	

←---（注）上記の欄に記入しきれないときは、適宜の用紙に記載し提出してください。

◎ 上記に記載された特定贈与者からの贈与について初めて相続時精算課税の適用を受ける場合には、申告書第一表及び第二表と一緒に「相続時精算課税選択届出書」を必ず提出してください。なお、同じ特定贈与者から翌年以降財産の贈与を受けた場合には、「相続時精算課税選択届出書」を改めて提出する必要はありません。

＊　税務署整理欄	整理番号		名簿		届出番号	―
	財産細目コード			確認		

＊欄には記入しないでください。

（資5−10−2−1−A4統一）（令4.12）

【「第二表　贈与税の申告書（相続時精算課税の計算明細書）」の記載方法】

ⓐ　提出年分、受贈者の氏名を記入します。

ⓑ　贈与者の氏名、生年月日、住所、受贈者からみた贈与者の続柄を記入します。

ⓒ　贈与により取得した財産の種類、所在地、価額などを記入します。

㉖欄　相続時精算課税の対象になる贈与財産の価額の合計額（課税価格）を記入します。

㉙欄　㉖の課税価格と㉘の特別控除額のいずれか低い金額を記入します。

　※　その他の欄は、様式の記載に従って計算した結果を記入していきます。

相 続 時 精 算 課 税 選 択 届 出 書

○「相続時精算課税選択届出書」は、必要な添付書類とともに**申告書第一表及び第二表と一緒に提出してください。**

（令和２年分以降用）

受贈者	住 所 又 は 居 所	〒　　　　　　　電話（　　　－　　　－　　　） 大阪府吹田市江坂町○丁目△番地　　ⓑ
	フリガナ	スミダ　ユウスケ
	氏　名 （生年月日）	墨田　雄介 （大・㊛・平　62 年　9 月　16 日）
	特定贈与者との続柄	子

ⓐ
令和 6 年 3 月 1 日
　　吹田　税務署長

　私は、下記の特定贈与者から令和 5 年中に贈与を受けた財産については、相続税法第21条の9第1項の規定の適用を受けることとしましたので、下記の書類を添えて届け出ます。

記　　　　　　　　ⓒ

1　特定贈与者に関する事項

住　所 又は居所	兵庫県神戸市灘区○丁目△番地
フリガナ	スミダ　イチロウ
氏　名	墨田　一郎
生年月日	明・大・㊛・平　　　26 年　　2 月　　15 日

2　年の途中で特定贈与者の推定相続人又は孫となった場合

推定相続人又は孫となった理由	
推定相続人又は孫となった年月日	令和　　　年　　　月　　　日

　(注)　孫が年の途中で特定贈与者の推定相続人となった場合で、推定相続人となった時前の特定贈与者からの贈与について相続時精算課税の適用を受けるときには、記入は要しません。

3　添付書類

次の書類が必要となります。
なお、贈与を受けた日以後に作成されたものを提出してください。
（書類の添付がなされているか確認の上、□に✓印を記入してください。）

ⓓ

☑　**受贈者や特定贈与者の戸籍の謄本又は抄本**その他の書類で、次の内容を証する書類
　（1）　受贈者の氏名、生年月日
　（2）　受贈者が特定贈与者の直系卑属である推定相続人又は孫であること

　(※)1　租税特別措置法第70条の6の8（個人の事業用資産についての贈与税の納税猶予及び免除）の適用を受ける特例事業受贈者が同法第70条の2の7（（相続時精算課税適用者の特例））の適用を受ける場合には、「(1)の内容を証する書類」及び「その特例事業受贈者が特定贈与者からの贈与により租税特別措置法第70条の6の8第1項に規定する特例受贈事業用資産の取得をしたことを証する書類」となります。
　　　2　租税特別措置法第70条の7の5（（非上場株式等についての贈与税の納税猶予及び免除の特例））の適用を受ける特例経営承継受贈者が同法第70条の2の8（（相続時精算課税適用者の特例））の適用を受ける場合には、「(1)の内容を証する書類」及び「その特例経営承継受贈者が特定贈与者からの贈与により租税特別措置法第70条の7の5第1項に規定する特例対象受贈非上場株式等の取得をしたことを証する書類」となります。

（注）この届出書の提出により、特定贈与者からの贈与については、特定贈与者に相続が開始するまで相続時精算課税の適用が継続されるとともに、その贈与を受ける財産の価額は、相続税の課税価格に加算されます（**この届出書による相続時精算課税の選択は撤回することができません。**）。

作成税理士		電話番号	

※	税務署整理欄	届出番号	－	名　簿		確認	

※欄には記入しないでください。

【「相続時精算課税選択届出書」の記載方法】

ⓐ　提出先の税務署（受贈者の住所地の所轄税務署）、提出日を記入します。

ⓑ　受贈者の氏名、住所、生年月日、贈与者からみた受贈者の続柄を記入します。

ⓒ　贈与を受けた年、贈与者の氏名、生年月日、住所を記入します。

ⓓ　添付書類の確認のため、□に✓印を記入します。

3　申告書に添付する主な書類

（1）暦年課税を選択する場合

①　受贈者（雄介）の戸籍の謄本又は抄本（年齢と一郎との親子関係を確認するため）

（2）相続時精算課税を選択する場合

①　受贈者（雄介）の戸籍の謄本又は抄本（年齢と一郎との親子関係を確認するため）

②　贈与者（一郎）の戸籍の謄本又は抄本（年齢と雄介との親子関係を確認するため）

ケース2

親が新居に引っ越し、古い家を娘が無償でもらった場合

　大蔵ひなの（32歳）は、今年7月に父の財津昭三（67歳）が新居に引っ越したのを機に、横浜市の自宅を無償で譲り受け、所有権移転の登記も済ませました。その自宅不動産には住宅ローン等の抵当権はありません。

- 譲り受けた横浜の自宅は、ひなの夫妻の居住用として使用する予定です。

- ひなの夫妻はそれぞれ正社員として勤務しており、子どもはいませんが、今後の出産や子育てに備えてできる限りお金を貯めたいと考えています。

- ひなのには弟（財津雅也）がいますが、以前から別の場所に不動産を購入して住んでおり、ひなの夫妻との仲も良好です。財津昭三は、新居は最終的には雅也に相続させる考えです。

- 財津昭三の現時点の財産は、新居不動産を含めて約2,500万円と見込まれます。

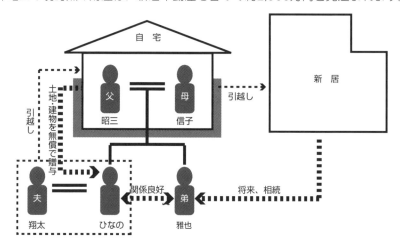

【横浜の自宅不動産の概要】

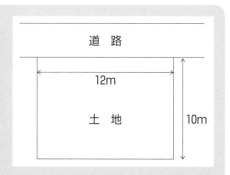

（土地）面積：120㎡

　　　　贈与を受けた年の路線価：10万円

　　　　地区区分：普通住宅地区

　　　　間口距離：12m

　　　　奥行距離：10m

　　　　普通住宅地区、奥行距離10m以上

　　　　12m未満の奥行価格補正率：1.00

　　　　贈与を受けた年の固定資産税評価額：

　　　　10万円×120㎡＝1,200万円

（建物）贈与を受けた年の固定資産税評価額：800万円

1　相続税評価額の計算と申告方式の選択

（1）土地の相続税評価額の計算

　土地の相続税評価額は、「土地及び土地の上に存する権利の評価明細書」に所定の事項を記載していくことで計算します。

　この「土地及び土地の上に存する権利の評価明細書」は国税庁のホームページに公表されていますので、必要枚数を印刷したうえで記入していきます。

（2）暦年課税と相続時精算課税の選択

　ひなのの場合は、不動産の現物（住宅）を贈与で受け取っていますが、贈与税の納税は現金で行うことになります。そのため、原則的な暦年課税を選択すると、ひなのは585万5,000円の現金を用意する必要があります。

　ただ、ひなのの場合は、今後の生活のためにお金を貯めたい意向であり、かつ、下記の条件も満たしているため、相続時精算課税による申告を行えば、ひなのは贈与税の負担がなく、将来の相続税もかからないと見込まれます。

• 父である昭三からの贈与であること。
• 贈与を受けた年の1月1日において、ひなの（32歳）が18歳以上、昭三（67歳）が60歳以上と、相続時精算課税の対象年齢を満たしていること。
• 将来、昭三が亡くなった際の相続税において、全財産2,500万円＋横浜の土地1,200万円＋横浜の自宅建物800万円＝4,500万円が相続税の対象となる財産額となりますが、4,500万円は相続税の基礎控除額4,800万円（600万円×法定相続人3名＋3,000万円）以下のため、相続税がかからない試算となること。

　一般的に相続時精算課税を選択した場合、贈与税を大幅に減らすことができますが、将来、贈与者が亡くなった際には、生前に贈与を受けていた贈与財産と今回の相続による相続財産を合計して相続税を計算して、既に納めた贈与税を控除することとなります。

　また、一度、相続時精算課税を選択した場合は、対象者との贈与において暦年課税に変更することができなくなります。そのため、将来の相続税負担や、他の相続人との関係性等を考慮して総合的に判断する必要があります。

　なお、暦年課税と相続時精算課税の詳しい内容については、119～130ページを参照してください。

2 土地及び土地の上に存する権利の評価明細書の記載例

土地及び土地の上に存する権利の評価明細書（第1表）

| 局(所) | 署 | 5 年分 ○ ページ ⓐ |

（住居表示）（　）
所在地番　神奈川県横浜市緑区○町△丁目□番

所有者（所在地）住所　神奈川県横浜市緑区○町△丁目□番
氏名（法人名）　大蔵 ひなの ⓑ

使用者（所在地）住所
氏名（法人名）

（平成三十一年一月分以降用）

| 地目 | 宅地 山林 雑種地 田 畑（　） | 地積 120 ㎡ | 路線価 正面 100,000円（奥行 10.00m）| 側方 円 | 側方 円 | 裏面 円 ⓒ | 地形図及び参考事項 財津昭三（父）からの贈与 |

| 間口距離 m 12 | 利用区分 貸宅地 貸家建付地 借地権 貸家建付借地権 転貸借地権 | 私道 | 地区区分 ビル街地区 高度商業地区 繁華街地区 普通商業・併用住宅地区 普通住宅地区 中小工場地区 大工場地区 |
| 奥行距離 m 10 | | | |

	1 一路線に面する宅地 （正面路線価）（奥行価格補正率）100,000 円 × 1.00	（1㎡当たりの価額）円 100,000	A
	2 二路線に面する宅地 （A）[側方・裏面 路線価]（奥行価格補正率）[側方・二方 路線影響加算率] 円 + 円 × . 0.	（1㎡当たりの価額）円	B
自用地	3 三路線に面する宅地 （B）[側方・裏面 路線価]（奥行価格補正率）[側方・二方 路線影響加算率] 円 + 円 × . 0.	（1㎡当たりの価額）円	C
1	4 四路線に面する宅地 （C）[側方・裏面 路線価]（奥行価格補正率）[側方・二方 路線影響加算率] 円 + 円 × . 0.	（1㎡当たりの価額）円	D
平方	5-1 間口が狭小な宅地等 （AからDまでのうち該当するもの）（間口狭小補正率）（奥行長大補正率）× （ . × . ）	（1㎡当たりの価額）円	E
メートル	5-2 不整形地 （AからDまでのうち該当するもの）不整形地補正率※ × 0.	（1㎡当たりの価額）円 ⓓ	F

※不整形地補正率の計算
（想定整形地の間口距離）（想定整形地の奥行距離）（想定整形地の地積）
m × m = ㎡
（想定整形地の地積）（不整形地の地積）（想定整形地の地積）（かげ地割合）
（ ㎡ − ㎡）÷ ㎡ = %
（不整形地補正率表の補正率）（間口狭小補正率）（小数点以下2位未満切捨て） 不整形地補正率 ①、②のいずれか低い率、0.6を下限とする。
. × . = 0. ①
（奥行長大補正率）（間口狭小補正率）
. × . = 0. ②
0.

| | 6 地積規模の大きな宅地 （AからFまでのうち該当するもの）規模格差補正率※ 円 × 0. | （1㎡当たりの価額）円 | G |

※規模格差補正率の計算
（地積（Ⓐ））（Ⓑ）（Ⓒ）（地積（Ⓐ））（小数点以下2位未満切捨て）
{（ ㎡× + ）÷ ㎡} × 0.8 = 0.

| 当 | 7 無道路地 （F又はGのうち該当するもの）（※）円 × （ 1 − 0. ） | （1㎡当たりの価額）円 | H |

※割合の計算（0.4を上限とする。）
（正面路線価）（通路部分の地積）（F又はGのうち該当するもの）（評価対象地の地積）
（ 円 × ㎡）÷（ 円 × ㎡）= 0.

| た | 8-1 がけ地等を有する宅地 ［南、東、西、北］ （AからHまでのうち該当するもの）（がけ地補正率）円 × 0. | （1㎡当たりの価額）円 | I |
| り | 8-2 土砂災害特別警戒区域内にある宅地 （AからHまでのうち該当するもの）特別警戒区域補正率※ 円 × 0. | （1㎡当たりの価額）円 | J |

※がけ地補正率の適用がある場合の特別警戒区域補正率の計算（0.5を下限とする。）
［南、東、西、北］
（特別警戒区域補正率表の補正率）（がけ地補正率）（小数点以下2位未満切捨て）
0. × 0. = 0.

| の | 9 容積率の異なる2以上の地域にわたる宅地 （AからJまでのうち該当するもの）（控除割合（小数点以下3位未満四捨五入））円 × （ 1 − 0. ） | （1㎡当たりの価額）円 | K |
| 価額 | 10 私道 （AからKまでのうち該当するもの）円 × 0.3 | （1㎡当たりの価額）円 | L |

| 自用地の評価額 | 自用地1平方メートル当たりの価額 （AからLまでのうちの該当記号）（ A ）100,000 円 | 地積 120 ㎡ | 総額 （自用地1㎡当たりの価額）×（地積）ⓔ 12,000,000 円 | M |

（注）1 5-1の「間口が狭小な宅地等」と5-2の「不整形地」は重複して適用できません。
2 5-2の「不整形地」の「AからDまでのうち該当するもの」欄の価額について、AからDまでの欄で計算できない場合には、（第2表）の「備考」欄等で計算してください。
3 「がけ地等を有する宅地」であり、かつ、「土砂災害特別警戒区域内にある宅地」である場合については、8-1の「がけ地等を有する宅地」欄ではなく、8-2の「土砂災害特別警戒区域内にある宅地」欄で計算してください。

（資4-25-1-A4統一）

【「土地及び土地の上に存する権利の評価明細書（第1表）」の記載方法】

ⓐ　贈与年と路線価図のページ数を記入します。

ⓑ　対象となる土地の所在地番と、贈与後の所有者を記入します。

　　→所在地番は登記事項証明書に記載されている所在地のことで、郵便に出す場合の

　　　住居表示（住所）ではありません。

ⓒ　対象となる土地の地目、地積、路線価、間口距離、奥行距離、利用区分、地区区

　　分を記入します。

　　→地目、地積：登記事項証明書に記載されています。

　　→路線価、地区区分：路線価図（215ページ参照）を基に該当する箇所を探します。

　　→間口距離、奥行距離：地積測量図の記載数値または実際に測量した数値を記入し

　　　ます。

　　→利用区分：実際の用途を選びます。

　　　本事例では、自己居住用ですので「自用地」となります。

ⓓ　対象となる土地について1㎡あたりの価額を計算します。

　　→奥行価格補正率等の補正率は、国税庁のホームページに記載されています。

ⓔ　贈与税申告書の「財産の価額」欄に記載します。

　　※　その他の欄は、様式の記載に従って計算した結果を記入していきます。

162

3 申告書の記載例

(1) 暦年課税の場合

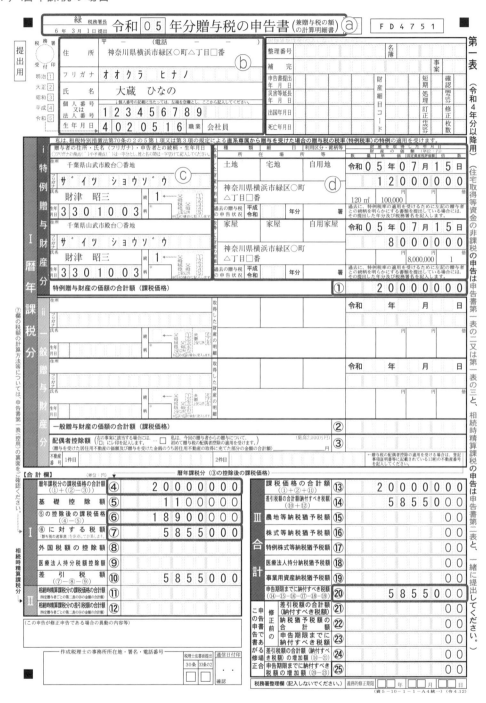

【「第一表　贈与税の申告書」の記載方法】

ⓐ　提出先の税務署（受贈者の住所地の所轄税務署）、提出日、提出年分を記入します。

ⓑ　受贈者の氏名、住所、マイナンバー（個人番号）、生年月日、職業を記入します。

ⓒ　贈与者の氏名、生年月日、住所、受贈者からみた贈与者の続柄を記入します。

　→本事例では土地と建物をもらっているため、それぞれ記載します。

ⓓ　贈与により取得した財産の種類、所在地、価額などを記入します。

　→贈与で取得した財産の種類ごとに分けて記入します。

①欄　特例贈与財産の価額の合計額を記入します。

　→18歳以上の者が直系尊属（父・母・祖父母など）から贈与を受けた場合、贈与
　　税額の計算上特例税率が適用されるため、この事例では「特例贈与財産分」の欄
　　に贈与を受けた金額を記入します。

④欄　暦年課税の対象になる贈与財産の価額の合計額（課税価格）を記入します。

⑥欄　④の課税価格から基礎控除額110万円を引いた金額を記入します。

⑦欄　⑥の課税価格に対する税額を記入します。

⑳欄　申告期限までに納付すべき税額を記入します。

　※　その他の欄は、様式の記載に従って計算した結果を記入していきます。

（2）相続時精算課税の場合

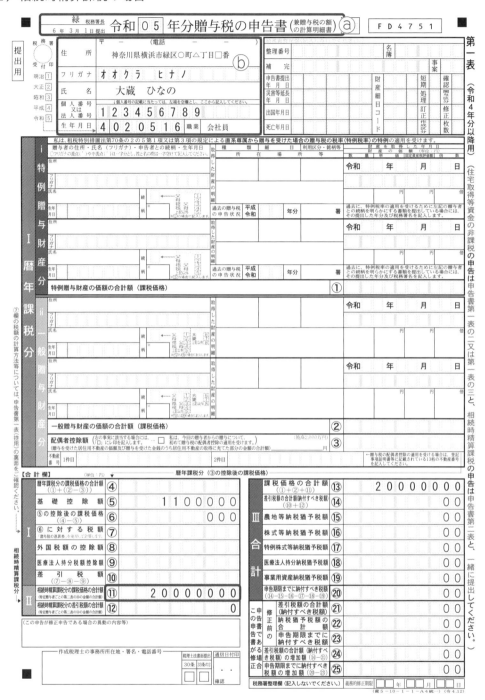

【「第一表　贈与税の申告書」の記載方法】

152〜153ページ参照。

令和 05 年分贈与税の申告書 （相続時精算課税の計算明細書）　　ⓐ

FD4737

受贈者の氏名　大蔵　ひなの

第二表 （令和４年分以降用）（第二表は、必要な添付書類とともに申告書第一表と一緒に提出してください。）

Part III　ケーススタディ　贈与税のポイントと申告書の書き方

提出用

次の特例の適用を受ける場合には、□の中にレ印を記入してください。

□ 私は、租税特別措置法第70条の３第１項の規定による**相続時精算課税選択の特例**の適用を受けます。　　(単位：円)

相続時精算課税分

特定贈与者の住所・氏名(フリガナ)・申告者との続柄・生年月日
(①フリガナの濁点(゛)や半濁点(゜)は一字分とし、姓と名の間は一字空けて記入してください。)

住所
千葉県山武市殿台○番地　　ⓑ

フリガナ　サ゛イツ　ショウソ゛ウ

氏名
財津　昭三

続柄　1←　父１、母２、祖父３、祖母４、①～④以外５

生年月日　3　3　0　1　0　3
←明治１、大正２、昭和３、平成４

種類	細目	利用区分・銘柄等	財産を取得した年月日 財産の価額		
所在場所等			数量 単価	固定資産税評価額	倍数
土地	宅地	自用地	令和 05 年 07 月 15 日 12000000		
神奈川県横浜市緑区○町△丁目□番 ⓒ			120㎡　100,000	円	倍
家屋	家屋	自用家屋	令和 05 年 07 月 15 日 8000000		
神奈川県横浜市緑区○町△丁目□番			円	8,000,000	1
			令和 年 月 日		
			円	円	倍

財産の価額の合計額（課税価格）　㉖　20000000

特別控除額の計算

過去の年分の申告において控除した特別控除額の合計額（最高2,500万円）　㉗

特別控除額の残額（2,500万円－㉗）　㉘　25000000

特別控除額（㉖の金額と㉘の金額のいずれか低い金額）　㉙　20000000

翌年以降に繰り越される特別控除額（2,500万円－㉗－㉙）　㉚　5000000

税額の計算

㉙の控除後の課税価格（㉖－㉙）【1,000円未満切捨て】　㉛　000

㉛に対する税額（㉛×20％）　㉜　00

外国税額の控除額（外国にある財産の贈与を受けた場合で、外国の贈与税を課せられたときに記入します。）　㉝

差引税額（㉜－㉝）　㉞　0

上記の特定贈与者からの贈与により取得した財産に係る過去の相続時精算課税分の贈与税の申告状況	申告した税務署名	控除を受けた年分	受贈者の住所及び氏名（『相続時精算課税選択届出書』に記載した住所・氏名と異なる場合にのみ記入します。）
	署	平成 令和 年分	
	署	平成 令和 年分	
	署	平成 令和 年分	
	署	平成 令和 年分	

（注）上記の欄に記入しきれないときは、適宜の用紙に記載し提出してください。

◎ 上記に記載された特定贈与者からの贈与について初めて相続時精算課税の適用を受ける場合には、申告書第一表及び第二表と一緒に「相続時精算課税選択届出書」を必ず提出してください。なお、同じ特定贈与者から翌年以降財産の贈与を受けた場合には、「相続時精算課税選択届出書」を改めて提出する必要はありません。

＊　税務署整理欄　整理番号　　名簿　　届出番号　－
財産細目コード　　確認

＊欄には記入しないでください。　　（資５－10－２－１－Ａ４統一）（令4.12）

【「第二表　贈与税の申告書（相続時精算課税の計算明細書）」の記載方法】

ⓐ、ⓑ、㉖欄、㉙欄は154～155ページ参照。

ⓒ　贈与により取得した財産の種類、所在地、価額などを記入します。

　→贈与で取得した財産の種類ごとに分けて記入します。

166

相 続 時 精 算 課 税 選 択 届 出 書

<table>
<tr><td rowspan="3">（令和2年分以降用）</td><td colspan="2">令和_6_年_3_月_1_日
ⓐ
_____緑_____税務署長</td><td rowspan="3">受贈者</td><td>住所
又は
居所</td><td>〒　　　　　電話（　　－　　－　　）
神奈川県横浜市緑区○町△丁目□番　　ⓑ</td></tr>
<tr><td>フリガナ</td><td>オオクラ　ヒナノ</td></tr>
<tr><td>氏　名
（生年月日）</td><td>大蔵　ひなの
（大・昭・㊛）2 年　5 月　16日）</td></tr>
</table>

特定贈与者との続柄　子

私は、下記の特定贈与者から令和_5_年中に贈与を受けた財産については、相続税法第21条の9第1項の規定の適用を受けることとしましたので、下記の書類を添えて届け出ます。

記　　　　　　ⓒ

1　特定贈与者に関する事項

住所又は居所	千葉県山武市殿台○番地
フリガナ	ザイツ　ショウゾウ
氏　名	財津　昭三
生年月日	明・大・㊊・平　30 年　10 月　3 日

2　年の途中で特定贈与者の推定相続人又は孫となった場合

推定相続人又は孫となった理由	
推定相続人又は孫となった年月日	令和　年　月　日

（注）孫が年の途中で特定贈与者の推定相続人となった場合で、推定相続人となった時前の特定贈与者からの贈与について相続時精算課税の適用を受けるときには、記入は要しません。

3　添付書類　　ⓓ

次の書類が必要となります。

なお、贈与を受けた日以後に作成されたものを提出してください。

（書類の添付がなされているか確認の上、□に✔印を記入してください。）

☑　受贈者や特定贈与者の戸籍の謄本又は抄本その他の書類で、次の内容を証する書類

（1）　受贈者の氏名、生年月日

（2）　受贈者が特定贈与者の直系卑属である推定相続人又は孫であること

（※）1　租税特別措置法第70条の6の8（個人の事業用資産についての贈与税の納税猶予及び免除）の適用を受ける特例事業受贈者が同法第70条の2の7（（相続時精算課税適用者の特例））の適用を受ける場合には、「(1)の内容を証する書類」及び「その特例事業受贈者が特定贈与者からの贈与により租税特別措置法第70条の6の8第1項に規定する特例受贈事業用資産の取得をしたことを証する書類」となります。

2　租税特別措置法第70条の7の5（（非上場株式等についての贈与税の納税猶予及び免除の特例））の適用を受ける特例経営承継受贈者が同法第70条の2の8（（相続時精算課税適用者の特例））の適用を受ける場合には、「(1)の内容を証する書類」及び「その特例経営承継受贈者が特定贈与者からの贈与により租税特別措置法第70条の7の5第1項に規定する特例対象受贈非上場株式等の取得をしたことを証する書類」となります。

（注）この届出書の提出により、特定贈与者からの贈与については、特定贈与者に相続が開始するまで相続時精算課税の適用が継続されるとともに、その贈与を受ける財産の価額は、相続税の課税価格に加算されます（この届出書による相続時精算課税の選択は撤回することができません。）。

作成税理士		電話番号	

※	税務署整理欄	届出番号	－	名簿					確認	

※欄には記入しないでください。

（資5－42－A4統一）（令4.12）

○「相続時精算課税選択届出書」は、必要な添付書類とともに申告書第一表及び第二表と一緒に提出してください。

【「相続時精算課税選択届出書」の記載方法】

156〜157ページ参照。

4　申告書に添付する主な書類

（１）暦年課税を選択する場合

①　受贈者（ひなの）の戸籍の謄本又は抄本（年齢と昭三との親子関係を確認するため）

（２）相続時精算課税を選択する場合

①　受贈者（ひなの）の戸籍の謄本又は抄本（年齢と昭三との親子関係を確認するため）

②　贈与者（昭三）の戸籍の謄本又は抄本（年齢とひなのとの親子関係を確認するため）

（３）不動産の評価に関する資料

- 土地及び土地の上に存する権利の評価明細書
- 固定資産税の納税通知書や評価証明書
- 路線価図
- 住宅地図
- 公図
- 地積測量図
- 登記事項証明書（贈与による所有権移転後のもの）　など

5　贈与税以外にかかる税金

　不動産の贈与があった場合には、贈与税以外にも贈与を受けた人にいくつかの税金（国税・地方税）がかかります。本事例では、ひなのに課税されます。

（１）登録免許税（法務局へ納める税金）

　所有権移転時に発生します。

　所有権移転登記を行う際に納める税金で、原則は次の金額です。

　土地：固定資産税評価額×2.0％

　建物：固定資産税評価額×2.0％

（２）不動産取得税（都道府県へ納める税金）

　所有権移転登記が完了した後、数か月後に都道府県から納税通知書が送付されてきます。

　不動産を取得し、その不動産の名義が変わった場合に新たな所有者が納める税金で、

原則は次の金額です。

　　土地：課税標準（固定資産税評価額を基に計算）×３％

　　建物：課税標準（固定資産税評価額を基に計算）×４％

（３）固定資産税・都市計画税（市町村・都税事務所へ納める税金）

　その年の１月１日時点の所有者に対して、毎年発生します。

　基本的に毎年４月から６月頃に市町村役場や都税事務所から納税通知書が送付されて納付する税金で、原則は次の金額です。

　　土地：課税標準（固定資産税評価額を基に計算）×1.7%

　　建物：課税標準（固定資産税評価額を基に計算）×1.7%

　※　固定資産税評価額は1.4％、都市計画税は0.3％です。都市計画税がない地域もあります。

ケース3

親から資金贈与を受けて夫婦で住宅を購入する場合

　大蔵一郎（33歳）と大蔵桜子（33歳）は昨年12月に子供が生まれたことを機に自宅を購入することにしました。購入時期は本年（令和5年）10月、購入価額は5,000万円を予定しています。

　なお、今回購入する自宅は省エネ等住宅に該当し、住宅性能証明書をもらっています。

　一郎は会社員で年収700万円、桜子はパートタイマーで年収200万円です。

　自宅の購入資金については、一郎が父の大蔵宏（67歳）から1,500万円、桜子は母の山田玲子（57歳）から1,000万円の贈与をそれぞれ受けました。残りは、一郎が2,000万円、桜子が500万円の銀行ローンを組む予定です(注)。

　なお、2人の家なので、名義（持分割合）は2分の1ずつにしたいと思っています。

（注）　桜子が銀行ローンを組めない場合は、一郎と桜子の連帯債務としたローン（総額2,500万円。負担割合は、一郎2,000万円、桜子500万円）とする予定です。

● 購入資金　　　　　　　　　　　　　　　● 持分割合（予定）

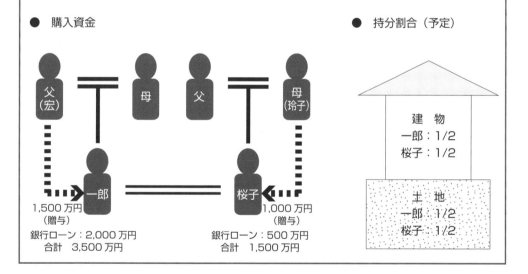

自宅を購入する場合の税務上のポイント

○持分割合と資金負担割合に注意しましょう

　自宅の登記名義（所有権）は、各人が購入資金を負担した割合に合わせましょう。持分割合と購入資金の負担割合が異なると贈与税がかかります。

○非課税特例措置の利用を検討しましょう

　親・祖父母からの住宅購入資金の贈与には、住宅取得等資金の贈与の非課税特例があります。適用要件を確認のうえ、利用を検討してみましょう。

○**住宅ローンの組み方を考えましょう**

　住宅ローンの組み方には個別の場合と連帯債務の場合がありますので、自分に合った方を選びましょう。

1　自宅の登記名義（持分割合）について

　本事例での登記名義は一郎、桜子で２分の１ずつを予定しています。

　一方、各人の購入資金の負担をみると下記になります。

（1）各人の購入資金の負担

　　　○　一郎の資金負担

　①　父からの贈与　1,500万円　┐

　②　銀行ローン　　2,000万円　┘合計3,500万円

　　　○　桜子の資金負担

　①　母からの贈与　1,000万円　┐

　②　銀行ローン　　　500万円　┘合計1,500万円

（2）資金負担と登記名義の関係

　贈与税を考慮すると一郎と桜子の自宅の登記名義（持分割合）は、資金負担と一致している必要があります。税務上は不動産の所有について「実際は誰が資金を負担したか」の実態で判断するからです。

　そのため、5,000万円の自宅の持分を２分の１ずつにするのであれば、資金負担も２分の１ずつ（2,500万円ずつ）にする必要があります。

　本事例では、一郎の資金負担が3,500万円、桜子の資金負担が1,500万円ですので、桜子が負担すべき1,000万円（本来負担額2,500万円－1,500万円）を一郎が負担することになり、これは、一郎が桜子に1,000万円を贈与したことになってしまいます（ちなみに、1,000万円に対する贈与税は231万円です。）。

（3）贈与税を回避するために

　上記のように、資金負担と登記名義（持分割合）が一致していれば問題ありません。そのため、登記名義（持分割合）を一郎が10分の７（資金負担3,500万円／自宅購入価額5,000万円）、桜子が10分の３（資金負担1,500万円／自宅購入価額5,000万円）とすればよいことになります。

2　住宅取得等資金の贈与の非課税特例の利用と申告

　住宅取得等資金の贈与の非課税特例は、住宅を取得する際に親や祖父母から贈与を受けた場合、住宅の種類により異なりますが、最高で1,000万円が非課税となる特例です（令和4年1月1日から令和5年12月31日までの間に贈与を受けた場合）。本事例では購入する自宅について省エネ等住宅であることを示す住宅性能証明書をもらっているので、暦年課税の場合、基礎控除額110万円と合わせて、最大1,110万円までは、贈与を受けても贈与税がかかりません。詳しい内容については、132ページを参照してください。

　なお、住宅取得等資金の贈与を受けた場合の贈与税の申告についても、暦年課税での申告と相続時精算課税を適用しての申告の2つがあります。暦年課税、相続時精算課税の詳しい内容については、119～130ページを参照してください。

3 申告書の記載例（一郎）

（1）暦年課税の場合

■ 令和5年分贈与税の申告書（住宅取得等資金の非課税の計算明細書） ┃ F D 4 7 4 8

提出用

受贈者の氏名　大蔵　一郎　ⓐ

第一表の二（令和4年分用）（第一表の二は、必要な添付書類とともに申告書第一表と一緒に提出してください。）

次の住宅取得等資金の非課税の適用を受ける人は、□の中にレ印を記入してください。

☑ 私は、租税特別措置法第70条の2第1項の規定による住宅取得等資金の非課税の適用を受けます。（注1）
（単位：円）

住宅取得等資金の非課税分

贈与者の住所・氏名（フリガナ）・申告者との続柄・生年月日	取得した財産の所在場所等	住宅取得等資金を取得した年月日／住宅取得等資金の金額
住所 奈良県生駒市東生駒○丁目△番地　ⓒ	奈良県生駒市東生駒○丁目 ○○銀行○○支店　ⓓ	令和 05 年 09 月 10 日 　15000000
フリガナ オオクラ ヒロシ 氏名 大蔵 宏　続柄 1←父[1]母[2]祖父[3]祖母[4]上記以外[5] 生年月日 3 300524		令和　年　月　日

住宅取得等資金の合計額　㉟　ⓔ　15000000

贈与者の住所・氏名（フリガナ）・申告者との続柄・生年月日	取得した財産の所在場所等	住宅取得等資金を取得した年月日／住宅取得等資金の金額
住所		令和　年　月　日
フリガナ 氏名　続柄 ←父[1]母[2]祖父[3]祖母[4]上記以外[5] 生年月日 明治[1]大正[2]昭和[3]平成[4]		令和　年　月　日

住宅取得等資金の合計額　㊱

住宅資金非課税限度額（1,000万円又は500万円）（注2）　ⓕ	㊲	10000000
㉟のうち非課税の適用を受ける金額	㊳	10000000
㊱のうち非課税の適用を受ける金額　ⓖ	㊴	
非課税の適用を受ける金額の合計額（㊳＋㊴）（㊲の金額を限度とします。）	㊵	10000000
㉟のうち課税価格に算入される金額（㉟－㊳）（㉟に係る贈与者の「財産の価額」欄（申告書第一表又は第二表）にこの金額を転記します。）	㊶　ⓗ	5000000
㊱のうち課税価格に算入される金額（㊱－㊴）（㊱に係る贈与者の「財産の価額」欄（申告書第一表又は第二表）にこの金額を転記します。）	㊷	

不動産番号等の明細

新築・取得・増改築等をした住宅用の家屋等の登記事項証明書等に記載されている13桁の不動産番号等を記入してください。
※不動産番号等の記載されている書類の写しを添付した場合には下記の記入を省略することができます。

不動産の種別	所在又は家屋番号及び地番	不動産番号
□土地 □建物		
□土地 □建物		
□土地 □建物		

（注1）　住宅取得等資金の非課税の適用を受ける人で、令和4年分の所得税及び復興特別所得税の確定申告書を提出した人は次の欄を記入し、提出していない人は合計所得金額を明らかにする書類を贈与税の申告書に添付する必要があります（令和4年分の所得税に係る合計所得金額が2,000万円超（新築若しくは取得又は増改築等をした住宅用の家屋の床面積が50㎡未満である場合は1,000万円超）の場合には、住宅取得等資金の非課税の適用を受けることができません。）。

ⓘ | 所得税及び復興特別所得税の確定申告書を提出した年月日 | 6・3・1 | 提出した税務署 | 武蔵府中　税務署 |

（注2）　新築若しくは取得又は増改築等をした住宅用の家屋が、一定の省エネルギー性、耐震性又はバリアフリー性を満たす住宅用の家屋（租税特別措置法施行令第40条の4の2第8項の規定により証明がされたものをいいます。）である場合は「1,000万円」と、それ以外の住宅用の家屋である場合は「500万円」となります。

（注3）　住宅取得等資金の非課税又は住宅取得等資金の贈与を受けた場合の相続時精算課税選択の特例（以下、これらを「住宅取得等資金の贈与の特例」といいます。）の適用を受ける人が、所得税の住宅借入金等特別控除の適用を受ける場合には、住宅借入金等特別控除額の計算上、住宅の取得等又は住宅の増改築等の対価等の額から住宅取得等資金の贈与の特例の適用を受けた部分の金額を差し引く必要がありますのでご注意ください。

＊	税務署整理欄	整理番号		名簿		確認		

＊ 欄には記入しないでください。

（資5-10-1-3-A4統一）（令4.12）

【「第一表の二　住宅取得等資金の非課税の計算明細書」の記載方法】

ⓐ　受贈者の氏名を記入します。

ⓑ　住宅取得等資金の非課税を適用するため、□に✓印を記入します。

ⓒ　贈与者の氏名、生年月日、住所、受贈者からみた贈与者の続柄を記入します。

ⓓ　住宅取得等資金を取得した年月日とその金額を記入します。

ⓔ　住宅取得等資金として宏から贈与を受けた金額の合計額を記入します。

ⓕ　非課税限度額を記入します。

　　住宅の種類に応じて、非課税限度額は異なります。

ⓖ　贈与者ごとに非課税を適用する金額とその合計額を記入します。

　　なお、上記「ⓕ」の非課税限度額が上限となります。

ⓗ　贈与された金額から非課税の金額を引いた残額を記入します。

ⓘ　所得税の確定申告書を提出する場合は、申告書の提出日と提出先の税務署を記入します。

　　所得税の確定申告書を提出しない場合は、別途、給与所得の源泉徴収票などの提出が必要です。

174

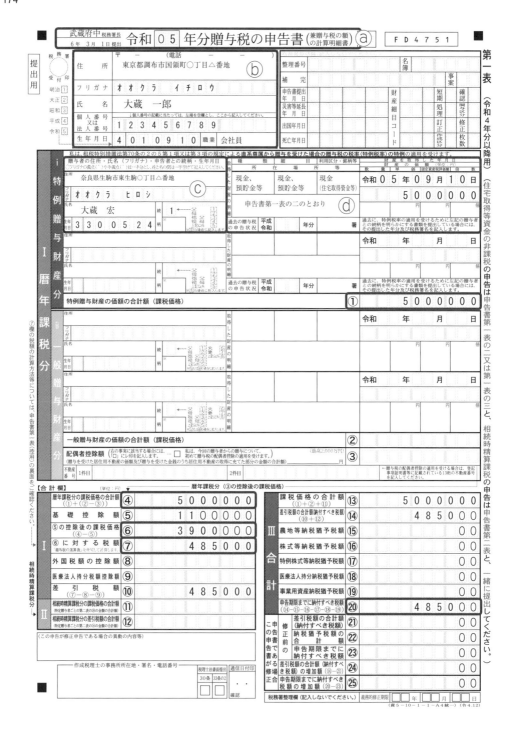

【「第一表　贈与税の申告書」の記載方法】

ⓐ　提出先の税務署（受贈者の住所地の所轄税務署）、提出日、提出年分を記入します。

ⓑ　受贈者の氏名、住所、マイナンバー（個人番号）、生年月日、職業を記入します。

ⓒ　贈与者の氏名、生年月日、住所、受贈者からみた贈与者の続柄を記入します。

ⓓ　贈与により取得した財産の種類、所在地、申告書第一表の二㊶の金額を記入します。

①欄　特例贈与財産の価額の合計額を記入します。

　→18歳以上の者が直系尊属（父・母・祖父母など）から贈与を受けた場合、贈与税額の計算上特例税率が適用されるため、この事例では「特例贈与財産分」の欄に贈与を受けた金額を記入します。

④欄　暦年課税の対象になる贈与財産の価額の合計額（課税価格）を記入します。

⑥欄　④の課税価格から基礎控除額110万円を引いた金額を記入します。

⑦欄　⑥の課税価格に対する税額を記入します。

⑳欄　申告期限までに納付すべき税額を記入します。

　※　その他の欄は、様式の記載に従って計算した結果を記入していきます。

176

（2）相続時精算課税の場合

■ 令和5年分贈与税の申告書（住宅取得等資金の非課税の計算明細書）　　　FD4748

受贈者の氏名　大蔵　一郎　ⓐ

提出用

次の住宅取得等資金の非課税の適用を受ける人は、□の中にレ印を記入してください。
☑ 私は、租税特別措置法第70条の2第1項の規定による住宅取得等資金の非課税の適用を受けます。(注1)　ⓑ　（単位：円）

住宅取得等資金の非課税分

贈与者の住所・氏名(フリガナ)・申告者との続柄・生年月日	取得した財産の所在場所等	住宅取得等資金を取得した年月日／住宅取得等資金の金額
住所　奈良県生駒市東生駒○丁目△番地　ⓒ	奈良県生駒市東生駒○丁目○○銀行○○支店　ⓓ	令和05年09月10日　15000000
フリガナ　オオクラ　ヒロシ		
氏名　大蔵　宏　続柄 1 父① 母② 祖父③ 祖母④ 上記以外⑤		令和　年　月　日
生年月日 3300524 明治1 大正2 昭和3 平成4	住宅取得等資金の合計額　㉟　ⓔ　15000000	

贈与者の住所・氏名(フリガナ)・申告者との続柄・生年月日	取得した財産の所在場所等	住宅取得等資金を取得した年月日／住宅取得等資金の金額
住所		令和　年　月　日
フリガナ		
氏名　続柄 父① 母② 祖父③ 祖母④ 上記以外⑤		令和　年　月　日
生年月日 明治1 大正2 昭和3 平成4	住宅取得等資金の合計額　㊱	

住宅資金非課税限度額（1,000万円又は500万円）(注2)　ⓕ	㊲	10000000
㉟のうち非課税の適用を受ける金額	㊳	10000000
㊱のうち非課税の適用を受ける金額　ⓖ	㊴	
非課税の適用を受ける金額の合計額（㊳＋㊴）（㊲の金額を限度とします。）	㊵	10000000
㉟のうち課税価格に算入される金額（㉟－㊳）（㉟に係る贈与者の「財産の価額」欄(申告書第一表又は第二表)にこの金額を転記します。）	㊶　ⓗ	5000000
㊱のうち課税価格に算入される金額（㊱－㊴）（㊱に係る贈与者の「財産の価額」欄(申告書第一表又は第二表)にこの金額を転記します。）	㊷	

新築・取得・増改築等をした住宅用の家屋等の登記事項証明書等に記載されている13桁の不動産番号等を記入してください。
※不動産番号等の記載されている書類の写しを添付した場合には下記の記入を省略することができます。

不動産番号等の明細

不動産の種別	所在は		不動産番号	
□土地 □建物	所在及び家屋番号			
□土地 □建物				
□土地 □建物				

(注1)　住宅取得等資金の非課税の適用を受ける人で、令和4年分の所得税及び復興特別所得税の確定申告書を提出した人は次の欄を記入し、提出していない人は合計所得金額を明らかにする書類を贈与税の申告書に添付する必要があります（令和4年分の所得税に係る合計所得金額が2,000万円超（新築若しくは取得又は増改築等をした住宅用の家屋の床面積が50㎡未満である場合は1,000万円超）の場合には、住宅取得等資金の非課税の適用を受けることができません。）。

ⓘ　| 所得税及び復興特別所得税の確定申告書を提出した年月日 | 6・3・1 | 提出した税務署 | 武蔵府中 税務署 |

(注2)　新築若しくは取得又は増改築等をした住宅用の家屋が、一定の省エネルギー性、耐震性又はバリアフリー性を満たす住宅用の家屋（租税特別措置法施行令第40条の4の2第8項の規定により証明がされたものをいいます。）である場合は「1,000万円」と、それ以外の住宅用の家屋である場合は「500万円」となります。

(注3)　住宅取得等資金の非課税又は住宅取得等資金の贈与を受けた場合の相続時精算課税選択の特例（以下、これらを「住宅取得等資金の贈与の特例」といいます。）の適用を受ける人が、所得税の住宅借入金等特別控除の適用を受ける場合には、住宅借入金等特別控除額の計算上、住宅の取得等又は住宅の増改築等の対価等の額から住宅取得等資金の贈与の特例の適用を受けた部分の金額を差し引く必要がありますのでご注意ください。

＊　税務署整理欄	整理番号		名簿		確認		

＊　欄には記入しないでください。

第一表の二（令和4年分用）（第一表の二は、必要な添付書類とともに申告書第一表と一緒に提出してください。）

(資5-10-1-3-A4統一)（令4.12）

【「第一表の二　住宅取得等資金の非課税の計算明細書」の記載方法】

ⓐ　受贈者の氏名を記入します。

ⓑ　住宅取得等資金の非課税を適用するため、□に✓印を記入します。

ⓒ　贈与者の氏名、生年月日、住所、受贈者からみた贈与者の続柄を記入します。

ⓓ　住宅取得等資金を取得した年月日とその金額を記入します。

ⓔ　住宅取得等資金として宏から贈与を受けた金額の合計額を記入します。

ⓕ　非課税限度額を記入します。

　　住宅の種類に応じて、非課税限度額は異なります。

ⓖ　贈与者ごとに非課税を適用する金額とその合計額を記入します。

　　なお、上記「ⓕ」の非課税限度額が上限となります。

ⓗ　贈与された金額から非課税の金額を引いた残額を記入します。

ⓘ　所得税の確定申告書を提出する場合は、申告書の提出日と提出先の税務署を記入します。

　　所得税の確定申告書を提出しない場合は、別途、給与所得の源泉徴収票などの提出が必要です。

令和 05 年分贈与税の申告書 （相続時精算課税の計算明細書）　　FD4737

ⓐ　　受贈者の氏名　大蔵　一郎

提出用

次の特例の適用を受ける場合には、□の中にレ印を記入してください。

□ 私は、租税特別措置法第70条の3第1項の規定による相続時精算課税選択の特例の適用を受けます。

（単位：円）

相続時精算課税分

特定贈与者の住所・氏名（フリガナ）・申告者との続柄・生年月日
（「フリガナ」の濁点（゛）や半濁点（゜）は一字分とし、姓と名の間は一字空けて記入してください。）

住所

奈良県生駒市東生駒〇丁目△番地　　ⓑ

フリガナ　オオクラ　ヒロシ

氏名　大蔵　宏

続柄　1 ← 父 1 ・母 2 ・祖父 3 ・祖母 4 ・1〜4以外 5

生年月日　3　3 0 0 5 2 4　　明治 1 ・大正 2 ・昭和 3 ・平成 4

種類	細目	利用区分・銘柄等	財産を取得した年月日			
			財産の価額			
所在場所等			数量	単価	固定資産税評価額	倍数
現金、預貯金等	現金、預貯金等	現金（住宅取得等資金）	令和 0 5 年 0 9 月 1 0 日			
				5 0 0 0 0 0 0	円	
申告書第一表の二のとおり		ⓒ		円	円	倍
			令和　　年　　月　　日			
				円	円	倍
			令和　　年　　月　　日			
				円	円	倍

財産の価額の合計額（課税価格）	㉖	5 0 0 0 0 0 0

特別控除額の計算

過去の年分の申告において控除した特別控除額の合計額（最高2,500万円）	㉗	
特別控除額の残額（2,500万円−㉗）	㉘	2 5 0 0 0 0 0 0
特別控除額（㉖の金額と㉘の金額のいずれか低い金額）	㉙	5 0 0 0 0 0 0
翌年以降に繰り越される特別控除額（2,500万円−㉗−㉙）	㉚	2 0 0 0 0 0 0 0

税額の計算

㉙の控除後の課税価格（㉖−㉙）　【1,000円未満切捨て】	㉛	0 0 0
㉛に対する税額（㉛×20％）	㉜	0 0
外国税額の控除額（外国にある財産の贈与を受けた場合で、外国の贈与税を課せられたときに記入します。）	㉝	
差引税額（㉜−㉝）	㉞	0

上記の特定贈与者からの贈与により取得した財産に係る過去の相続時精算課税分の贈与税の申告状況	申告した税務署名	控除を受けた年分	受贈者の住所及び氏名（「相続時精算課税選択届出書」に記載した住所・氏名と異なる場合にのみ記入します。）
	署	平成・令和　　年分	
	署	平成・令和　　年分	
	署	平成・令和　　年分	
	署	平成・令和　　年分	

┗---（注）上記の欄に記入しきれないときは、適宜の用紙に記載し提出してください。

◎ 上記に記載された特定贈与者からの贈与について初めて相続時精算課税の適用を受ける場合には、申告書第一表及び第二表と一緒に「相続時精算課税選択届出書」を必ず提出してください。なお、同じ特定贈与者から翌年以降財産の贈与を受けた場合には、「相続時精算課税選択届出書」を改めて提出する必要はありません。

＊	税務署整理欄	整理番号		名簿		届出番号		−	
		財産細目コード			確認				

＊欄には記入しないでください。

（資5-10-2-1-A4統一）（令4.12）

【「第二表　贈与税の申告書（相続時精算課税の計算明細書）」の記載方法】

ⓐ、ⓑ、㉖欄、㉙欄は154〜155ページ参照。

ⓒ　贈与により取得した財産の種類、所在地、申告書第一表の二㊶の金額を記入します。

武蔵府中　税務署長
6年 3月 1日提出

令和 0 5 年分贈与税の申告書 (兼贈与税の額の計算明細書) ⓐ

F D 4 7 5 1

提出用

税務署
受付印

住所　〒　　　－　　　（電話　　　－　　　－　　　）
東京都調布市国領町○丁目△番地　ⓑ

フリガナ　オオクラ　イチロウ

氏名　大蔵　一郎

個人番号又は法人番号　個人番号の記載に当たっては、左端を空欄とし、ここから記入してください。

生年月日　4 0 1 0 9 1 0　職業　会社員

明治 1／大正 2／昭和 3／平成 4／令和 5

整理番号　　　　名簿

補完

申告書提出 年月日
災害等延長 年月日
出国年月日
死亡年月日

事案
財産細目コード
短期処理
長期処理
訂正
確認指令
修正
枚数

私は、租税特別措置法第70条の2の5第1項又は第3項の規定による直系尊属から贈与を受けた場合の贈与税の税率（特例税率）の特例の適用を受けます。

i 特例贈与財産分

贈与者の住所・氏名（フリガナ）・申告者との続柄・生年月日

特例贈与財産の価額の合計額（課税価格）　①

ii 一般贈与財産分

一般贈与財産の価額の合計額（課税価格）　②

配偶者控除額　③

【合計欄】（単位：円）

		暦年課税分
暦年課税分の課税価格の合計額 (①＋②－③)	④	
基礎控除額	⑤	1 1 0 0 0 0 0
⑤の控除後の課税価格 (④－⑤)	⑥	0 0 0
⑥に対する税額	⑦	
外国税額の控除額	⑧	
医療法人持分税額控除額	⑨	
差引税額 (⑦－⑧－⑨)	⑩	
相続時精算課税分の課税価格の合計額	⑪	5 0 0 0 0 0 0
相続時精算課税分の差引税額の合計額	⑫	0

I 暦年課税分
II 相続時精算課税分

		III 合計	
課税価格の合計額 (①＋②＋⑪)	⑬	5 0 0 0 0 0 0	
差引税額の合計額（納付すべき税額）(⑩＋⑫)	⑭	0 0	
農地等納税猶予税額	⑮	0 0	
株式等納税猶予税額	⑯	0 0	
特例株式等納税猶予税額	⑰	0 0	
医療法人持分納税猶予税額	⑱	0 0	
事業用資産納税猶予税額	⑲	0 0	
申告期限までに納付すべき税額 (⑭－⑮－⑯－⑰－⑱－⑲)	⑳	0 0	
差引税額の合計額（納付すべき税額）	㉑	0 0	
納税猶予税額の合計額	㉒	0 0	
申告期限までに納付すべき税額	㉓	0 0	
差引税額の合計額（納付すべき税額）の増加額 (⑯－㉑)	㉔	0 0	
申告期限までに納付すべき税額の増加額 (⑳－㉓)	㉕	0 0	

（この申告が修正申告である場合の異動の内容等）

作成税理士の事務所所在地・署名・電話番号

税理士法書面提出　30条　33条の2

通信日付印　・・　確認

税務署整理欄（記入しないでください。）

（資5－10－1－1－A4統一）（令4.12）

【「第一表　贈与税の申告書」の記載方法】

152～153ページ参照。

180

<table>
<tr><td rowspan="2" style="writing-mode:vertical-rl">（令和2年分以降用）</td><td colspan="3" style="text-align:center">相 続 時 精 算 課 税 選 択 届 出 書</td><td rowspan="2" style="writing-mode:vertical-rl">○ 「相続時精算課税選択届出書」は、必要な添付書類とともに申告書第一表及び第二表と一緒に提出してください。</td></tr>
</table>

相 続 時 精 算 課 税 選 択 届 出 書

ⓐ
令和 6 年 3 月 1 日
武蔵府中 税務署長

受贈者	住所又は居所	〒　　　　　電話（　　－　　－　　番）東京都調布市国領町○丁目△番地	ⓑ
	フリガナ	オオクラ　イチロウ	
	氏名（生年月日）	大蔵　一郎　（大・昭・㊣　1 年　9 月　10 日）	
	特定贈与者との続柄	子	

私は、下記の特定贈与者から令和 5 年中に贈与を受けた財産については、相続税法第21条の9第1項の規定の適用を受けることとしましたので、下記の書類を添えて届け出ます。

記

1 特定贈与者に関する事項

住所又は居所	奈良県生駒市東生駒○丁目△番地	ⓒ
フリガナ	オオクラ　ヒロシ	
氏　名	大蔵　宏	
生年月日	明・大・㊣・平　30 年　5 月　24 日	

2 年の途中で特定贈与者の推定相続人又は孫となった場合

| 推定相続人又は孫となった理由 | |
| 推定相続人又は孫となった年月日 | 令和　　年　　月　　日 |

（注）孫が年の途中で特定贈与者の推定相続人となった場合で、推定相続人となった時前の特定贈与者からの贈与について相続時精算課税の適用を受けるときには、記入は要しません。

3 添付書類
次の書類が必要となります。
なお、贈与を受けた日以後に作成されたものを提出してください。
（書類の添付がなされているか確認の上、□に✓印を記入してください。）

ⓓ

☑ 受贈者や特定贈与者の戸籍の謄本又は抄本その他の書類で、次の内容を証する書類
　（1）　受贈者の氏名、生年月日
　（2）　受贈者が特定贈与者の直系卑属である推定相続人又は孫であること

（※）1　租税特別措置法第70条の6の8（（個人の事業用資産についての贈与税の納税猶予及び免除））の適用を受ける特例事業受贈者が同法第70条の2の7（（相続時精算課税適用者の特例））の適用を受ける場合には、「⑴の内容を証する書類」及び「その特例事業受贈者が特定贈与者からの贈与により租税特別措置法第70条の6の8第1項に規定する特例受贈事業用資産の取得をしたことを証する書類」となります。
　　　2　租税特別措置法第70条の7の5（（非上場株式等についての贈与税の納税猶予及び免除の特例））の適用を受ける特例経営承継受贈者が同法第70条の2の8（（相続時精算課税適用者の特例））の適用を受ける場合には、「⑴の内容を証する書類」及び「その特例経営承継受贈者が特定贈与者からの贈与により租税特別措置法第70条の7の5第1項に規定する特例対象受贈非上場株式等の取得をしたことを証する書類」となります。

（注）この届出書の提出により、特定贈与者からの贈与については、特定贈与者に相続が開始するまで相続時精算課税の適用が継続されるとともに、その贈与を受ける財産の価額は、相続税の課税価格に加算されます（この届出書による相続時精算課税の選択は撤回することができません。）。

| 作成税理士 | | 電話番号 | |

| ※ | 税務署整理欄 | 届出番号 | 　　　－ | 名簿 | | | | | | 確認 | |

※欄には記入しないでください。

（資5－42－A4統一）（令4.12）

【「相続時精算課税選択届出書」の記載方法】

156～157ページ参照。

4　申告書の記載例（桜子）

　桜子の場合、住宅取得等資金の贈与の非課税特例（暦年課税）を適用することで、納税が発生しません。ただし、贈与税の申告を必ず行う必要があります。

（※）　納税額が発生しないことから、相続時精算課税は適用しないものとします。

令和５年分贈与税の申告書（住宅取得等資金の非課税の計算明細書）　　FD4748

		受贈者の氏名	大蔵　桜子　ⓐ

提出用

次の住宅取得等資金の非課税の適用を受ける人は、□の中にレ印を記入してください。

☑ 私は、租税特別措置法第70条の２第１項の規定による住宅取得等資金の非課税の適用を受けます。(注１)　ⓑ

（単位：円）

住宅取得等資金の非課税分

贈与者の住所・氏名(フリガナ)・申告者との続柄・生年月日	取得した財産の所在場所等	住宅取得等資金を取得した年月日／住宅取得等資金の金額
住所　大阪府大阪市中央区谷町△丁目△番地　ⓒ フリガナ　ヤマダ　レイコ 氏名　山田　玲子　続柄 2 ←父1,母 生年月日 3 40 12 10　明治1,大正2,昭和3,平成4	大阪府大阪市中央区谷町○丁目○○銀行○○支店　ⓓ	令和 05 年 09 月 10 日 10000000 令和　　年　　月　　日

住宅取得等資金の合計額	㉟	ⓔ 10000000

贈与者の住所・氏名(フリガナ)・申告者との続柄・生年月日	取得した財産の所在場所等	住宅取得等資金を取得した年月日／住宅取得等資金の金額
住所 フリガナ 氏名　　続柄 ←父1,母 生年月日　明治1,大正2,昭和3,平成4		令和　　年　　月　　日 令和　　年　　月　　日

住宅取得等資金の合計額	㊱	

住宅資金非課税限度額（1,000万円又は500万円）(注２)　ⓕ	㊲	10000000
㉟のうち非課税の適用を受ける金額	㊳	10000000
㊱のうち非課税の適用を受ける金額　ⓖ	㊴	
非課税の適用を受ける金額の合計額（㊳＋㊴）（㊲の金額を限度とします。）	㊵	10000000
㉟のうち課税価格に算入される金額（㉟－㊳）（㉟に係る贈与者の「財産の価額」欄（申告書第一表又は第二表）にこの金額を転記します。）　ⓗ	㊶	0
㊱のうち課税価格に算入される金額（㊱－㊴）（㊱に係る贈与者の「財産の価額」欄（申告書第一表又は第二表）にこの金額を転記します。）	㊷	

新築・取得・増改築等をした住宅用の家屋等の登記事項証明書等に記載されている13桁の不動産番号等を記入してください。
※不動産番号等の記載されている書類の写しを添付した場合には下記の記入を省略することができます。

不動産番号等の明細	不動産の種別	所在又は及び家屋番号		不動産番号
	□土地 □建物			
	□土地 □建物			
	□土地 □建物			

（注１）　住宅取得等資金の非課税の適用を受ける人で、令和４年分の所得税及び復興特別所得税の確定申告書を提出した人は次の欄を記入し、提出していない人は合計所得金額を明らかにする書類を贈与税の申告書に添付する必要があります（令和４年分の所得税に係る合計所得金額が2,000万円超（新築若しくは取得又は増改築等をした住宅用の家屋の床面積が50㎡未満である場合は1,000万円超）の場合には、住宅取得等資金の非課税の適用を受けることができません。）。

ⓘ　所得税及び復興特別所得税の確定申告書を提出した年月日　6 ・ 3 ・ 1　提出した税務署　武蔵府中　税務署

（注２）　新築若しくは取得又は増改築等をした住宅用の家屋が、一定の省エネルギー性、耐震性又はバリアフリー性を満たす住宅用の家屋（租税特別措置法施行令第40条の４の２第８項の規定により証明がされたものをいいます。）である場合は「1,000万円」と、それ以外の住宅用の家屋である場合は「500万円」となります。

（注３）　住宅取得等資金の非課税又は住宅取得等資金の贈与を受けた場合の相続時精算課税選択の特例（以下、これらを「住宅取得等資金の贈与の特例」といいます。）の適用を受ける人が、所得税の住宅借入金等特別控除の適用を受ける場合には、住宅借入金等特別控除額の計算上、住宅の取得等又は住宅の増改築等の対価等の額から住宅取得等資金の贈与の特例の適用を受けた部分の金額を差し引く必要がありますのでご注意ください。

＊	税務署整理欄	整理番号		名簿		確認	

＊欄には記入しないでください。

（資５−10−１−３−Ａ４統一）（令4.12）

第一表の二（令和４年分用）（第一表の二は、必要な添付書類とともに申告書第一表と一緒に提出してください。）

【「第一表の二　住宅取得等資金の非課税の計算明細書」の記載方法】

ⓐ　受贈者の氏名を記入します。

ⓑ　住宅取得等資金の非課税を適用するため、□に✓印を記入します。

ⓒ　贈与者の氏名、生年月日、住所、受贈者からみた贈与者の続柄を記入します。

ⓓ　住宅取得等資金を取得した年月日とその金額を記入します。

ⓔ　住宅取得等資金として玲子から贈与を受けた金額の合計額を記入します。

ⓕ　非課税限度額を記入します。

　　住宅の種類に応じて、非課税限度額は異なります。

ⓖ　贈与者ごとに非課税を適用する金額とその合計額を記入します。

　　なお、上記「ⓕ」の非課税限度額が上限となります。

ⓗ　贈与された金額から非課税の金額を引いた残額を記入します。

　　桜子の場合は、住宅取得等資金が非課税限度額の枠内のため、課税価格はゼロです。

ⓘ　所得税の確定申告書を提出する場合は、申告書の提出日と提出先の税務署を記入します。

　　所得税の確定申告書を提出しない場合は、別途、給与所得の源泉徴収票などの提出が必要です。

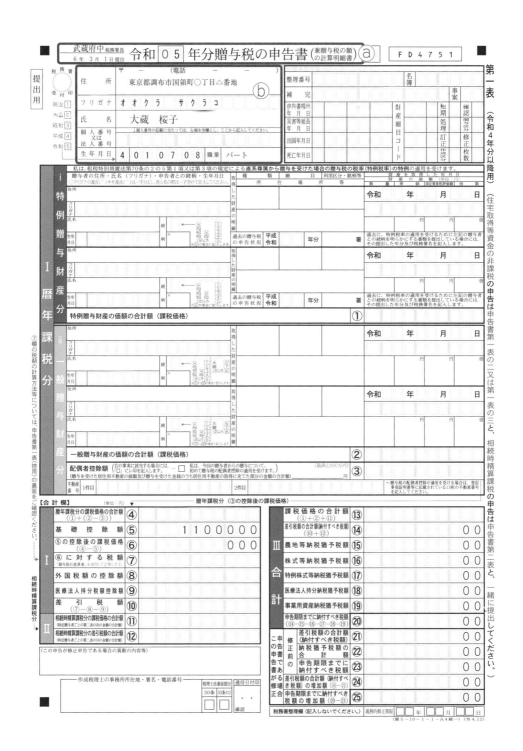

【「第一表　贈与税の申告書」の記載方法】

ⓐ、ⓑは152〜153ページ参照。

5　申告書に添付する主な書類（一郎）

（1）暦年課税を選択する場合

① 受贈者（一郎）の戸籍の謄本又は抄本（年齢と宏との親子関係を確認するため）

② 給与所得の源泉徴収票などその年分の合計所得金額を明らかにする書類

　（※）　所得税の確定申告をする場合は不要

③ 取得した家屋やその敷地の登記事項証明書

④ 取得した家屋やその敷地の売買契約書や建築請負契約書の写し

⑤ 対象の家屋が省エネ等住宅である場合、住宅性能証明書など

（2）相続時精算課税を選択する場合

① 受贈者（一郎）の戸籍の謄本又は抄本（年齢と宏との親子関係を確認するため）

② 贈与者（宏）の戸籍の謄本又は抄本（年齢と一郎との親子関係を確認するため）

③ 取得した家屋やその敷地の登記事項証明書

④ 取得した家屋やその敷地の売買契約書や建築請負契約書の写し

⑤ 対象の家屋が省エネ等住宅である場合、住宅性能証明書など

6　申告書に添付する主な書類（桜子）

（1）暦年課税を選択する場合

① 受贈者（桜子）の戸籍の謄本又は抄本（年齢と玲子との親子関係を確認するため）

② 給与所得の源泉徴収票などその年分の合計所得金額を明らかにする書類

　（※）　所得税の確定申告をする場合は不要

③ 取得した家屋やその敷地の登記事項証明書

④ 取得した家屋やその敷地の売買契約書や建築請負契約書の写し

⑤ 対象の家屋が省エネ等住宅である場合、住宅性能証明書など

7　銀行ローンの組み方と負担割合

　銀行ローンの組み方には、各人ごとに組む（本事例の場合は一郎、桜子が個々に組む）場合と連帯債務にする場合があります。本事例では桜子がパートタイマーのため、銀行ローンが組めないことも考えられます。その場合は、ローンを一郎と桜子の連帯債務とすることで対応することになります。

　なお、連帯債務の場合、債権者（銀行）との関係では、各債務者（本事例の場合、一郎と桜子）が債務の全額を返済する義務を負う（例えば、桜子が返済できなくなったら一郎が全額返済）ことになりますが、債務者相互間では当事者で決めた割合で負

担し合えばよいことになります。当事者で負担割合を決める場合は、当事者の収入割合に合わせることが一般的です。

　本事例では、2,500万円の銀行ローンを各人の収入割合で負担するとした場合、厳密には一郎は1,944万円、桜子は556万円となりますが、これを2,000万円と500万円の負担としてもほぼ一致していますので、特に問題にならないと考えられます。

【参考】住宅借入金等特別控除

　本事例では一郎、桜子ともに所得税の住宅借入金等特別控除（住宅ローン控除）を受けることができます。住宅ローン控除の初年度は、翌年2月16日から3月15日までの所得税の確定申告で手続を行います。その際に必要になる主な書類は下記となります。

① 　取得した家屋やその敷地の登記事項証明書

② 　取得した家屋やその敷地の売買契約書や建築請負契約書等の写し

③ 　対象の家屋が省エネ等住宅である場合、住宅性能証明書など

④ 　住宅ローンの年末残高証明書

夫から自宅の持分を贈与された場合

　大蔵信正（71歳）は、自身の終活の一環として今年10月に妻の大蔵たまお（65歳）へ自宅不動産の持分を贈与し、所有権移転の登記も完了しました。その自宅不動産には住宅ローン等の抵当権はありません。

- 信正とたまおには子どもがいません。
- 信正の両親は既に他界しています。
- 信正には姉（たまおから見て義理の姉）がいます。しかし、姉とたまおの関係はあまり良くなく、疎遠になっています。
- 信正がたまおより先に亡くなった場合、法定相続人はたまおと姉の二人となります。
- 信正は遺言書を書いて、全財産をたまおに相続させるつもりです。姉に遺留分を請求する権利はありませんが、法律上は、遺言書の内容を姉に開示する必要があります。
- 信正は、自分の死後、たまおに余計な負担をかけさせたくない思いから、自宅不動産だけでも先に贈与で渡すこととし、たまおも応じることにしました。
- 信正とたまおは、今年で結婚して40年目を迎えます。

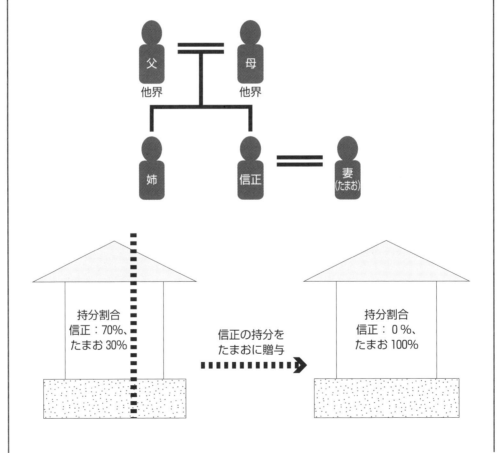

【贈与する直前の自宅不動産の概要】

(土地) 面積：110㎡

　　　　持分割合：大蔵信正　　　7/10

　　　　　　　　　大蔵たまお　　3/10

　　　　贈与した年の路線価：20万円

　　　　地区区分：普通住宅地区

　　　　間口距離：11m

　　　　奥行距離：10m

　　　　普通住宅地区、奥行距離10m以上12m未満の奥行価格補正率：1.00

(建物) 贈与した年の固定資産税評価額：850万円

　　　　持分割合：大蔵信正　　　7/10

　　　　　　　　　大蔵たまお　　3/10

```
          道　路
     ┌──── 11m ────┐
     │              │
     │   土　地      │ 10m
     │              │
     └──────────────┘
```

1　相続税評価額の計算と贈与税の配偶者控除

(1) 土地の相続税評価額の計算

　具体的には「土地及び土地の上に存する権利の評価明細書」に所定の事柄を記載していくことで、土地の相続税評価額を計算します。

　この「土地及び土地の上に存する権利の評価明細書」は国税庁のホームページに公表されていますので、必要枚数を印刷したうえで記入していきます。

2　土地及び土地の上に存する権利の評価明細書の記載例

土地及び土地の上に存する権利の評価明細書（第1表）　　局(所)署　　 ⓐ 5 年分　○ ページ

（平成三十一年一月分以降用）

ⓑ
（住居表示）	（　　　　　　）	所有者	住　所 （所在地）	東京都足立区中央本町 ○丁目△番○号	使用者	住　所 （所在地）	
所在地番	東京都足立区中央本町 ○丁目△番		氏　名 （法人名）	大蔵　たまお		氏　名 （法人名）	

ⓒ
地　目	地　積		路　　　　　線　　　　　価				地 形 図 及 び 参 考 事 項	大蔵信正（夫）からの贈与
宅地　山林 田 畑　雑種地 （　　）	㎡ 110	正面 200,000	側方 円	側方 円	裏面 円	(奥行 10.00m)		
間口距離	m 11	利 用 区 分	自用地　私　道 貸宅地　貸家建付借地権 貸家建付地　転貸借地権 借　地　権（　　）	地 区 区 分	ビル街地区　普通住宅地区 高度商業地区　中小工場地区 繁華街地区　大工場地区 普通商業・併用住宅地区			
奥行距離	m 10分							

ⓓ

			（1㎡当たりの価額）円	
自 用 地 1 平 方 メ ー ト ル 当 た り の 価 額	1　一路線に面する宅地 　（正面路線価）　　　　　（奥行価格補正率） 　　200,000 円 ×　　　　1.00		200,000	A
	2　二路線に面する宅地 　（A）　　　[側方・裏面 路線価]（奥行価格補正率）[側方・二方 路線影響加算率] 　　　　円 + （　　　　円 ×　　．　　　　0.　　）		（1㎡当たりの価額）円	B
	3　三路線に面する宅地 　（B）　　　[側方・裏面 路線価]（奥行価格補正率）[側方・二方 路線影響加算率] 　　　　円 + （　　　　円 ×　　．　　　　0.　　）		（1㎡当たりの価額）円	C
	4　四路線に面する宅地 　（C）　　　[側方・裏面 路線価]（奥行価格補正率）[側方・二方 路線影響加算率] 　　　　円 + （　　　　円 ×　　．　　　　0.　　）		（1㎡当たりの価額）円	D
	5-1　間口が狭小な宅地等 　（AからDまでのうち該当するもの）（間口狭小補正率）（奥行長大補正率） 　　　　円 ×　　（　　．　　　　．　　）		（1㎡当たりの価額）円	E
	5-2　不整形地 　（AからDまでのうち該当するもの）　不整形地補正率※ 　　　　円 ×　　　　0. 　※不整形地補正率の計算 　（想定整形地の間口距離）（想定整形地の奥行距離）（想定整形地の地積） 　　　　m　×　　　　m　=　　　　㎡ 　（想定整形地の地積）（不整形地の地積）（想定整形地の地積）（かげ地割合） 　（　　　　㎡ －　　　　㎡）÷　　　　㎡ =　　　　％ 　（不整形地補正率表の補正率）（間口狭小補正率）（小数点以下2位未満切捨て）[不整形地補正率 　　0.　　　　×　　．　　　　= 0.　　①　　（①、②のいずれか低い 　（奥行長大補正率）（間口狭小補正率）　　　　　　　　率、0.6を下限とする.） 　　．　　　　×　　．　　　　= 0.　　②]　　0.		（1㎡当たりの価額）円	F
	6　地積規模の大きな宅地 　（AからFまでのうち該当するもの）　規模格差補正率※ 　　　　円 ×　　　　0. 　※規模格差補正率の計算 　（地積 (A)）　　（B）　　（C）　　（地積 (A)）　（小数点以下2位未満切捨て） 　{（　　㎡×　　　　+　　　　）÷　　　　㎡} × 0.8 =　0.		（1㎡当たりの価額）円	G
	7　無　道　路　地 　（F又はGのうち該当するもの）　　　（※） 　　　　円 ×　（　1　－　0.　　） 　※割合の計算（0.4を上限とする。）　（F又はGのうち該当するもの） 　（正面路線価）（通路部分の地積）　　　（評価対象地の地積） 　（　　円 ×　　　㎡）÷（　　円 ×　　㎡）= 0.		（1㎡当たりの価額）円	H
	8-1　がけ地等を有する宅地　〔 南 、 東 、 西 、 北 〕 　（AからHまでのうち該当するもの）　　（がけ地補正率） 　　　　円 ×　　　　0.		（1㎡当たりの価額）円	I
	8-2　土砂災害特別警戒区域内にある宅地 　（AからHまでのうち該当するもの）　特別警戒区域補正率※ 　　　　円 ×　　　　0. 　※がけ地補正率の適用がある場合の特別警戒区域補正率の計算（0.5を下限とする。） 　　　　　　　　　　　　　〔 南 、 東 、 西 、 北 〕 　（特別警戒区域補正率表の補正率）（がけ地補正率）（小数点以下2位未満切捨て） 　　0.　　　　　×　0.　　　　= 0.		（1㎡当たりの価額）円	J
	9　容積率の異なる2以上の地域にわたる宅地 　（AからJまでのうち該当するもの）（控除割合（小数点以下3位未満四捨五入）） 　　　　円 ×　（　1　－　0.　　）		（1㎡当たりの価額）円	K
	10　私　　　　道 　（AからKまでのうち該当するもの） 　　　　円 ×　　0.3		（1㎡当たりの価額）円	L

自 用 地 の 評 価 額	自用地1平方メートル当たりの価額 （AからLまでのうちの該当記号） ⓕ （ A ） 200,000	地　　積 ㎡ 110	総　　　額 （自用地1㎡当たりの価額）×（地　積） ⓔ 円 15,400,000

（注）1　5-1の「間口が狭小な宅地等」と5-2の「不整形地」は重複して適用できません。
　　　2　5-2の「不整形地」の「AからDまでのうち該当するもの」欄の価額について、AからDまでの欄で計算できない場合には、（第2表）の「備考」欄等で計算してください。
　　　3　「がけ地等を有する宅地」であり、かつ、「土砂災害特別警戒区域内にある宅地」である場合については、8-1の「がけ地等を有する宅地」欄ではなく、8-2の「土砂災害特別警戒区域内にある宅地」欄で計算してください。

（資4－25－1－A4統一）

【「土地及び土地の上に存する権利の評価明細書（第１表)」の記載方法】

ⓐ　贈与年と路線価図のページ数を記入します。

ⓑ　対象となる土地の所在地番と、贈与後の所有者を記入します。

　→所在地番は登記事項証明書に記載されている所在地のことで、郵便に出す場合の
　　住居表示（住所）ではありません。

ⓒ　対象となる土地の地目、地積、路線価、間口距離、奥行距離、利用区分、地区区
　分を記入します。

　→地目、地積：登記事項証明書に記載されています。

　→路線価、地区区分：路線価図（215ページ参照）を基に該当する箇所を探します。

　→間口距離、奥行距離：地積測量図の記載数値または実際に測量した数値を記入し
　　ます。

　→利用区分：実際の用途を選びます。

　　本事例では、自己居住用ですので「自用地」となります。

ⓓ　対象となる土地について１㎡あたりの価額を計算します。

　→奥行価格補正率等の補正率は、国税庁のホームページに記載されています。

ⓔ　贈与税申告書の「財産の価額」欄に記載します。

ⓕ　贈与を受けた持分割合を記入します。

　→登記事項証明書に記載されています。

　※　その他の欄は、様式の記載に従って計算した結果を記入していきます。

（１）贈与税の配偶者控除

　たまおの場合、婚姻期間が20年以上である夫の信正からの贈与により居住用不動産
の持分を受けています。今回の贈与以外にたまおがもらったものがない場合は、暦年
課税の基礎控除額110万円のほかに、贈与税の配偶者控除により最高2,000万円まで
贈与税が非課税となりますので、最高2,110万円までの居住用不動産の贈与について
は贈与税の負担がゼロとなります。贈与税の配偶者控除の詳しい内容については、
131ページを参照してください。

190

3　申告書の記載例

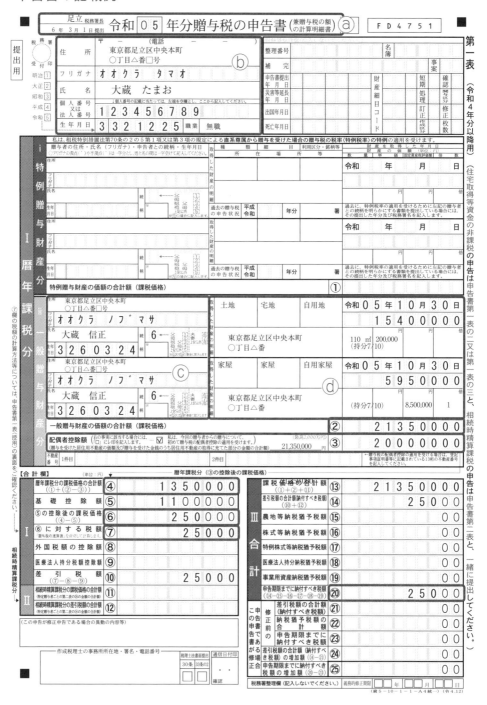

【「第一表　贈与税の申告書」の記載方法】

ⓐ　提出先の税務署（受贈者の住所地の所轄税務署）、提出日、提出年分を記入します。

ⓑ　受贈者の氏名、住所、マイナンバー（個人番号）、生年月日、職業を記入します。

ⓒ　贈与者の氏名、生年月日、住所、受贈者からみた贈与者の続柄を記入します。

　→本事例では土地と建物をもらっているため、それぞれ記載します。

　→本事例では配偶者からの贈与となるため、「ⅱ　一般贈与財産分」の区分に記入します。

ⓓ　贈与により取得した財産の種類、所在地、価額などを記入します。

　→贈与で取得した財産の種類ごとに分けて記入します。

②欄　一般贈与財産の価額の合計額を記入します。

③欄　配偶者控除額の適用を受けるため、チェック欄にチェックを付けて特別控除額を記入します。

④欄　②の金額から③の配偶者控除額を引いた金額を記入します。

⑥欄　④の課税価格から基礎控除額110万円を引いた金額を記入します。

⑦欄　⑥の課税価格に対する税額を記入します。

⑳欄　申告期限までに納付すべき税額を記入します。

　※　その他の欄は、様式の記載に従って計算した結果を記入していきます。

4 申告書に添付する主な書類

（1）贈与税申告書（暦年課税）に添付する書類

① 受贈者（たまお）の戸籍の謄本又は抄本

② 受贈者（たまお）の戸籍の附票の写し

③ 登記事項証明書など受贈者がその居住用不動産を取得したことを証する書類

（2）不動産の評価に関する資料

• 土地及び土地の上に存する権利の評価明細書

• 固定資産税の納税通知書や評価証明書

• 路線価図

• 住宅地図

• 公図

• 地積測量図　　など

5 贈与税以外にかかる税金

　不動産の贈与があった場合には、贈与税以外にも贈与を受けた人にいくつかの税金（国税・地方税）がかかります。本事例ではたまおに課税されます。

（1）登録免許税（法務局へ納める税金）

　所有権移転時に発生します。

　所有権移転登記を行う際に納める税金で、原則は次の金額です。

　土地：固定資産税評価額×2.0％

　建物：固定資産税評価額×2.0％

（2）不動産取得税（都道府県へ納める税金）

　所有権移転登記が完了した後、数か月後に都道府県から納税通知書が送付されてきます。

　不動産を取得し、その不動産の名義が変わった場合に新たな所有者が納める税金で、原則は次の金額です。

　土地：課税標準（固定資産税評価額を基に計算）×３％

　建物：課税標準（固定資産税評価額を基に計算）×４％

（3）固定資産税・都市計画税（市町村・都税事務所へ納める税金）

　その年の１月１日時点の所有者に対して、毎年発生します。

　基本的に毎年４月から６月頃に市町村役場や都税事務所から納税通知書が送付されて納付する税金で、原則は次の金額です。

　　土地：課税標準（固定資産税評価額を基に計算）×1.7％

　　建物：課税標準（固定資産税評価額を基に計算）×1.7％

　※　固定資産税評価額は1.4％、都市計画税は0.3％です。都市計画税がない地域もあります。

6　相続による引継ぎ

　本事例では、信正が自身に相続が発生したときに、法定相続人であるたまおと姉との関係性を危惧した結果、贈与による引継ぎで贈与税の配偶者控除を選択しました。

　ただ、実務においては、贈与による不動産の引継ぎは上記５のように登録免許税等が別途かかるのに対し、相続による引継ぎでは不動産取得税がかからない利点があります。また、相続による引継ぎの場合、相続税申告において配偶者の税額軽減等の特例を受けることができるメリットもあります。

　本事例のような場合、最終的には他の要素も考慮したうえで、税理士や弁護士などの専門家に事前に相談されることを推奨します。

ケース5

賃貸用不動産を子に贈与した場合

　二階堂真（77歳）は以前から川越市にある貸家（一戸建て）を所有し、不動産賃貸を行っていますが、高齢のため今の段階から不動産の管理を息子に任せようと思い、今年の9月に次男の二階堂陵介（44歳）に無償で贈与しました。その貸家に対する借入金や抵当権はありません。

- 今回贈与した貸家には賃借人が以前から住んでいますが、今回の贈与に伴い陵介と賃借人との間で賃貸借契約を新たに結びました。
- 陵介は会社員で不動産賃貸や個人事業を行ったことはなく、今回の不動産賃貸で初めて賃貸収入が発生します。
- 陵介には兄（二階堂真一）がいますが、職業上、兼業が認められない事情があるため、陵介が不動産賃貸を引き継ぎました。今回の贈与と不動産賃貸の引継ぎに関して、陵介は真一にも事前に相談し、真一からの了解も得ています。
- 真が賃借人と賃貸借契約を行った際に預かっている敷金はありません。

【川越市の貸家の概要】

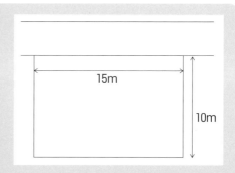

（土地）面積：150㎡

　　　　贈与を受けた年の路線価：15万円

　　　　地区区分：普通住宅地区

　　　　借地権割合：0.7

　　　　借家権割合：0.3

　　　　間口距離：12m

　　　　奥行距離：10m

　　　　普通住宅地区、奥行距離10m以上12m未満の奥行価格補正率：1.00

（建物）贈与を受けた年の固定資産税評価額：900万円

　　　　建物の床面積：200㎡

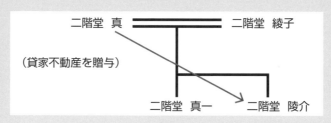

1　相続税評価額の計算と申告方式の選択

(1) 土地の相続税評価額の計算

　具体的には「土地及び土地の上に存する権利の評価明細書」に所定の事柄を記載していくことで、土地の相続税評価額を計算して求めていきます。

　この「土地及び土地の上に存する権利の評価明細書」は国税庁のホームページに公表されていますので、各自必要枚数を印刷したうえで記入していきます。

(2) 暦年課税と相続時精算課税の選択

　陵介の場合は、不動産の現物（貸家）を贈与で受け取っていますが、贈与税の納税は現金で行うことになります。そのため、原則的な暦年課税を選択すると、陵介は768万8,700円の現金を用意する必要があります。

　なお、陵介の場合、下記の条件を満たしているため、相続時精算課税による申告を行えば、贈与税の負担がありません。

- 父である真からの贈与であること。
- 贈与を受けた年の1月1日において、陵介（44歳）が18歳以上、真（77歳）が60歳以上のため、相続時精算課税の対象年齢を満たしていること。

　一般的に相続時精算課税を選択した場合、贈与税を大幅に減らすことはできますが、将来、贈与者が亡くなった際には生前に贈与を受けていた贈与財産と今回の相続による相続財産を合計して相続税を計算して、すでに納めた贈与税を控除することとなります。

　また、一度、相続時精算課税を選択した場合は、対象者との贈与において暦年課税に変更することができなくなります。そのため、将来の相続税負担や、他の相続人との関係性等を考慮して総合的に判断する必要があります。

　なお、暦年課税と相続時精算課税の詳しい内容については、119〜130ページを参照してください。

196

2 土地及び土地の上に存する権利の評価明細書の記載例

土地及び土地の上に存する権利の評価明細書（第1表）

| | | 局(所) | 署 | 5 年分 | ○ ページ |

ⓐ （平成三十一年一月分以降用）

ⓑ
| （住居表示）（ ） | 住 所（所在地） | 埼玉県さいたま市大宮区○町△丁目□番 | 使用者 | 住 所（所在地） | |
| 所在地番 埼玉県川越市○町△丁目□番 | 所有者 氏 名（法人名） | 二階堂 陵介 | | 氏 名（法人名） | |

ⓒ
| 地 目 山 林 雑種地 宅地 田 畑 ( ) | 地 積 150 ㎡ | 路 線 価 | | | | 地形図及び参考事項 二階堂真（父）からの贈与 |
| | | 正 面 (奥行 10.00m)円 150,000 | 側 方 円 | 側 方 円 | 裏 面 円 | |

| 間口距離 15 m | 利用区分 | 自用地 貸宅地 貸家建付地 借地権 貸家建付借地権 転貸借地権 | 地区区分 | ビル街地区 高度商業地区 繁華街地区 普通商業・併用住宅地区 普通住宅地区 中小工場地区 大工場地区 | |
| 奥行距離 10 m | | | | | |

ⓓ
自用地1平方メートル当たりの価額				
自 用 地 1 平 方 メ ー ト ル 当 た り の 価 額	1 一路線に面する宅地 （正面路線価） 150,000 円 × （奥行価格補正率） 1.00		（1㎡当たりの価額） 円 150,000	A
	2 二路線に面する宅地 （A） 円 ＋ （ ［側方・裏面 路線価］ 円 × ［奥行価格補正率］ ） × ［側方・二方 路線影響加算率］		（1㎡当たりの価額） 円	B
	3 三路線に面する宅地 （B） 円 ＋ （ ［側方・裏面 路線価］ 円 × ［奥行価格補正率］ ） × ［側方・二方 路線影響加算率］		（1㎡当たりの価額） 円	C
	4 四路線に面する宅地 （C） 円 ＋ （ ［側方・裏面 路線価］ 円 × ［奥行価格補正率］ ） × ［側方・二方 路線影響加算率］		（1㎡当たりの価額） 円	D
	5-1 間口が狭小な宅地等 （AからDまでのうち該当するもの） （間口狭小補正率） （奥行長大補正率） 円 × ×		（1㎡当たりの価額） 円	E
	5-2 不 整 形 地 （AからDまでのうち該当するもの） 不整形地補正率※ 円 × 0. ※不整形地補正率の計算 （想定整形地の間口距離） （想定整形地の奥行距離） （想定整形地の地積） m × m = ㎡ （想定整形地の地積） （不整形地の地積） （想定整形地の地積） （かげ地割合） （ ㎡ － ㎡ ） ÷ ㎡ = % （不整形地補正率表の補正率） （間口狭小補正率） （小数点以下2位未満切捨て） 0. × = 0. ① （奥行長大補正率） （間口狭小補正率） × = 0. ② 不整形地補正率 （①、②のいずれか低い率、0.6を下限とする。） 0.		（1㎡当たりの価額） 円	F
	6 地積規模の大きな宅地 （AからFまでのうち該当するもの） 規模格差補正率※ 円 × 0. ※規模格差補正率の計算 （地積（Ⓐ）） （Ⓑ） （Ⓒ） （地積（Ⓐ）） （小数点以下2位未満切捨て） ｛（ ㎡× ＋ ） ÷ ㎡｝× 0.8 = 0.		（1㎡当たりの価額） 円	G
	7 無 道 路 地 （F又はGのうち該当するもの） （※） 円 × （ 1 － 0. ） ※割合の計算（0.4を上限とする。） （正面路線価） （通路部分の地積） （F又はGのうち該当するもの） （評価対象地の地積） （ 円 × ㎡ ） ÷ （ 円 × ㎡） = 0.		（1㎡当たりの価額） 円	H
	8-1 がけ地等を有する宅地 〔 南 、 東 、 西 、 北 〕 （AからHまでのうち該当するもの） （がけ地補正率） 円 × 0.		（1㎡当たりの価額） 円	I
	8-2 土砂災害特別警戒区域内にある宅地 （AからHまでのうち該当するもの） 特別警戒区域補正率※ 円 × 0. ※がけ地補正率の適用がある場合の特別警戒区域補正率の計算（0.5を下限とする。） 〔 南 、 東 、 西 、 北 〕 （特別警戒区域補正率表の補正率） （がけ地補正率） （小数点以下2位未満切捨て） 0. × 0. = 0.		（1㎡当たりの価額） 円	J
	9 容積率の異なる2以上の地域にわたる宅地 （AからJまでのうち該当するもの） （控除割合（小数点以下3位未満四捨五入）） 円 × （ 1 － 0. ）		（1㎡当たりの価額） 円	K
	10 私 道 （AからKまでのうち該当するもの） 円 × 0.3		（1㎡当たりの価額） 円	L

| 自用地の評価額 | 自用地1平方メートル当たりの価額 （AからLまでのうちの該当記号） （ A ） 150,000 円 | 地 積 150 ㎡ | 総 額 （自用地1㎡当たりの価額）×（地 積） 22,500,000 円 | M |

（注）1 5-1の「間口が狭小な宅地等」と5-2の「不整形地」は重複して適用できません。
　　　2 5-2の「不整形地」の「AからDまでのうち該当するもの」欄の価額について、AからDまでの欄で計算できない場合には、（第2表）の「備考」欄等で計算してください。
　　　3 「がけ地等を有する宅地」であり、かつ、「土砂災害特別警戒区域内にある宅地」である場合については、8-1の「がけ地等を有する宅地」欄ではなく、8-2の「土砂災害特別警戒区域内にある宅地」欄で計算してください。

（資4−25−1−A4統一）

土地及び土地の上に存する権利の評価明細書（第2表）

ヒットバックを必要とする宅地の評価額	（自用地の評価額） （自用地の評価額）　（該当地積） 円 － (円 × $\frac{㎡}{総地積　㎡}$ × 0.7)		（自用地の評価額） 円	N
都市計画道路予定地の区域内にある宅地の評価額	（自用地の評価額）　（補正率） 円 × 0.		（自用地の評価額） 円	O
大規模工場用地等の評価額	○ 大規模工場用地等 （正面路線価）　　（地積）　　（地積が20万㎡以上の場合は0.95） 円 × ㎡ ×		円	P
	○ ゴルフ場用地等 （宅地とした場合の価額）（地積）　$\binom{1㎡当たり}{の造成費}$（地積） (円 × ㎡×0.6) － (円 × ㎡)		円	Q

（平成三十一年一月分以降用）

	利用区分	算　　　　式	総　額	記号
総額計算による価額	貸宅地	（自用地の評価額）　　　　　（借地権割合） 円 × (1－ 0.　　　)	円	R
	貸家建付地	（自用地の評価額又はT）　（借地権割合）（借家権割合）（賃貸割合） 22,500,000 円 × (1－ 0.70 ×0.30 ×$\frac{200㎡}{200㎡}$)	ⓔ　　17,775,000 円	S
	目的となっている土地（ 権の ）	（自用地の評価額）　　　（　　割合） 円 × (1－ 0.　　　)	円	T
	借地権	（自用地の評価額）　　　　（借地権割合） 円 × 0.	円	U
	貸家建付借地権	（U,ABのうちの該当記号）　（借地権割合）　（賃貸割合） ( )　　円 × (1－ 0. × $\frac{㎡}{㎡}$)	円	V
	転貸借地権	（U,ABのうちの該当記号）　（借地権割合） ( )　　円 × (1－ 0.　　　)	円	W
	転借権	（U,V,ABのうちの該当記号）　（借地権割合） ( )　　円 × 0.	円	X
	借家人の有する権利	（U,X,ABのうちの該当記号）　（借地権割合）　（賃借割合） ( )　　円 × 0. × $\frac{㎡}{㎡}$	円	Y
	（　権　）	（自用地の評価額）　　　（　　割合） 円 × 0.	円	Z
	権利が競合する場合の土地の	（R,Tのうちの該当記号）　（　　割合） ( )　　円 × (1－ 0.　　　)	円	AA
	他の権利と競合する場合の権利	（U,Zのうちの該当記号）　（　　割合） ( )　　円 × (1－ 0.　　　)	円	AB
備考				

(注)　区分地上権と区分地上権に準ずる地役権とが競合する場合については、備考欄等で計算してください。

（資4-25-2-A4統一）

【「土地及び土地の上に存する権利の評価明細書（第1表、第2表）」の記載方法】

ⓐ 贈与年と路線価図のページ数を記入します。

ⓑ 対象となる土地の所在地番と、贈与後の所有者を記入します。

　→所在地番は登記事項証明書に記載されている所在地のことで、郵便に出す場合の
　　住居表示（住所）ではありません。

ⓒ 対象となる土地の地目、地積、路線価、間口距離、奥行距離、利用区分、地区区
　分を記入します。

　→地目、地積：登記事項証明書に記載されています。

　→路線価、地区区分：路線価図（215ページ参照）を基に該当する箇所を探します。

　→間口距離、奥行距離：地積測量図の記載数値または実際に測量した数値を記入し
　　ます。

　→利用区分：実際の用途を選びます。

　　本事例では、賃貸用ですので「貸家建付地」となります。

ⓓ 対象となる土地について1㎡あたりの価額を計算します。

　→奥行価格補正率等の補正率は、国税庁のホームページに記載されています。

ⓔ ⓓの金額を基に、貸家建付地の調整計算を行い、贈与税申告書の「財産の価額」
　欄に記載します。

　→借地権割合：路線価図（215ページ参照）を基に該当する箇所を探します。

　→借家権割合：「0.30」（令和5年現在全国一律30%）と記入します。

　→賃貸割合：贈与した時点における、実際に賃貸に供されている貸家の割合を記入
　　します。賃貸に供されている住居の「戸数」ではなく、「専有部分の床面積」で
　　算出をします。

$$賃貸割合 = \frac{贈与時において賃貸されている各独立部分の床面積の合計}{その貸家の各独立部分の床面積の合計}$$

※ その他の欄は、様式の記載に従って計算した結果を記入していきます。

3　申告書の記載例

（1）暦年課税の場合

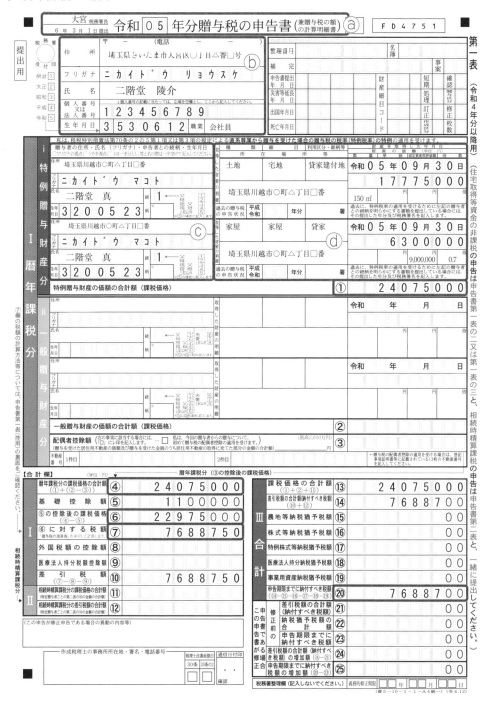

【「第一表　贈与税の申告書」の記載方法】

ⓐ　提出先の税務署（受贈者の住所地の所轄税務署）、提出日、提出年分を記入します。

ⓑ　受贈者の氏名、住所、マイナンバー（個人番号）、生年月日、職業を記入します。

ⓒ　贈与者の氏名、生年月日、住所、受贈者からみた贈与者の続柄を記入します。

　→本事例では土地と建物をもらっているため、それぞれ記載します。

ⓓ　贈与により取得した財産の種類、所在地、価額などを記入します。

　→贈与で取得した財産の種類ごとに分けて記入します。

　→家屋（建物）はこの場合、貸家となるので、倍数欄には「0.7」（1－借家権割合0.3）を記入します。

①欄　特例贈与財産の価額の合計額を記入します。

④欄　暦年課税の対象になる贈与財産の価額の合計額（課税価格）を記入します。

⑥欄　④の課税価格から基礎控除額110万円を引いた金額を記入します。

⑦欄　⑥の課税価格に対する税額を記入します。

⑳欄　申告期限までに納付すべき税額を記入します。

　※　その他の欄は、様式の記載に従って計算した結果を記入していきます。

（2）相続時精算課税の場合

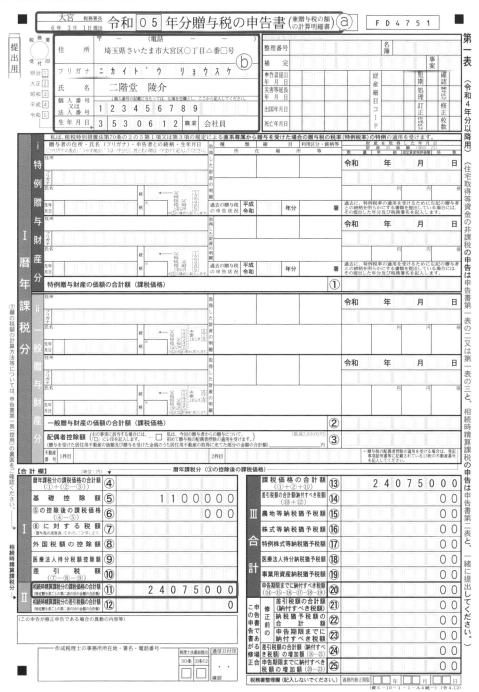

【「第一表　贈与税の申告書」の記載方法】

152〜153ページ参照。

令和 **05** 年分贈与税の申告書 （相続時精算課税の計算明細書） ※整

F D 4 7 3 7

ⓐ

第二表 （令和4年分以降用）（第二表は、必要な添付書類とともに申告書第一表と一緒に提出してください。）

税務署受付印

受贈者の氏名 二階堂 陵介

提出用

次の特例の適用を受ける場合には、□の中にレ印を記入してください。

□ 私は、租税特別措置法第70条の3第1項の規定による**相続時精算課税選択の特例**の適用を受けます。

（単位：円）

相続時精算課税分

特定贈与者の住所・氏名（フリガナ）・申告者との続柄・生年月日

（「フリガナ」の濁点（ ゛）や半濁点（ ゜）は一字とし、姓と名の間は一字空けて記入してください。）

住所

埼玉県川越市○町△丁目□番 ⓑ

フリガナ ニカイドウ マコト

氏名 二階堂 真

続柄 1 父 **1** 母 **2** 祖父 **3** 祖母 **4** **1**～**4**以外 **5**

生年月日 3 2 0 0 5 2 3

明治 **1**、大正 **2**、昭和 **3**、平成 **4**

左の特定贈与者から取得した財産の明細

種 類	細 目	利用区分・銘柄等	財産を取得した年月日 財産の価額		倍 数
			数 量 単 価	固定資産税 評価額	
土地	宅地	貸家建付地	令和 **05** 年 **09** 月 **30** 日		
			17775000	円	
埼玉県川越市○町△丁目□番 ⓒ				円	
家屋	家屋	貸家	令和 **05** 年 **09** 月 **30** 日		
			6300000	円	
埼玉県川越市○町△丁目□番				9,000,000	0.7
			令和 年 月 日		
			円	円	

財産の価額の合計額（課税価格）		㉖	24075000
特別控除額の計算	過去の年分の申告において控除した特別控除額の合計額（最高2,500万円）	㉗	
	特別控除額の残額（2,500万円－㉗）	㉘	25000000
	特別控除額（㉖の金額と㉘の金額のいずれか低い金額）	㉙	24075000
	翌年以降に繰り越される特別控除額（2,500万円－㉗－㉙）	㉚	925000
税額の計算	㉙の控除後の課税価格（㉖－㉙）【1,000円未満切捨て】	㉛	000
	㉛に対する税額（㉛×20%）	㉜	00
	外国税額の控除額（外国にある財産の贈与を受けた場合で、外国の贈与税を課せられたときに記入します。）	㉝	
	差引税額（㉜－㉝）	㉞	0

上記の特定贈与者からの贈与により取得した財産に係る過去の相続時精算課税分の贈与税の申告状況

	申告した税務署名	控除を受けた年分	受贈者の住所及び氏名（「相続時精算課税選択届出書」に記載した住所・氏名と異なる場合にのみ記入します。）
	署	平成 令和 年分	
	署	平成 令和 年分	
	署	平成 令和 年分	
	署	平成 令和 年分	

（注）上記の欄に記入しきれないときは、適宜の用紙に記載し提出してください。

◎ 上記に記載された特定贈与者からの贈与について初めて相続時精算課税の適用を受ける場合には、申告書第一表及び第二表と一緒に「相続時精算課税選択届出書」を必ず提出してください。なお、同じ特定贈与者から翌年以降財産の贈与を受けた場合には、「相続時精算課税選択届出書」を改めて提出する必要はありません。

＊ 税務署整理欄	整理番号		名簿		届出番号	－
	財産細目コード			確認		

＊欄には記入しないでください。

（資5-10-2-1-A4統一）（令4.12）

【「第二表　贈与税の申告書（相続時精算課税の計算明細書）」の記載方法】

ⓐ、ⓑ、㉖欄、㉙欄は154～155ページ参照。

ⓒ　贈与により取得した財産の種類、所在地、価額などを記入します。

→贈与で取得した財産の種類ごとに分けて記入します。

→家屋は貸家なので、倍数欄に「0.7」（1－借家権割合0.3）を記入します。

相続時精算課税選択届出書

税務署受付印

ⓐ

令和 6 年 3 月 1 日

＿＿＿大宮＿税務署長

受贈者	住所又は居所	〒　　　　電話（　－　　－　　　） 埼玉県さいたま市大宮区○丁目△番□号	ⓑ
	フリガナ	ニカイドウ　リョウスケ	
	氏名 （生年月日）	二階堂　陵介 （大・㊐・平　　53 年　6 月　12 日）	
	特定贈与者との続柄	子	

私は、下記の特定贈与者から令和_5_年中に贈与を受けた財産については、相続税法第21条の9第1項の規定の適用を受けることとしましたので、下記の書類を添えて届け出ます。

記　ⓒ

1　特定贈与者に関する事項

住所又は居所	埼玉県川越市○町△丁目□番
フリガナ	ニカイドウ　マコト
氏名	二階堂　真
生年月日	明・大・㊐・平　　20 年　5 月　23 日

2　年の途中で特定贈与者の推定相続人又は孫となった場合

推定相続人又は孫となった理由	
推定相続人又は孫となった年月日	令和　　年　　月　　日

（注）孫が年の途中で特定贈与者の推定相続人となった場合で、推定相続人となった時前の特定贈与者からの贈与について相続時精算課税の適用を受けるときには、記入は要しません。

3　添付書類　ⓓ

次の書類が必要となります。

なお、贈与を受けた日以後に作成されたものを提出してください。

（書類の添付がなされているか確認の上、□に✔印を記入してください。）

☑　**受贈者や特定贈与者の戸籍の謄本又は抄本**その他の書類で、次の内容を証する書類

（1）　受贈者の氏名、生年月日

（2）　受贈者が特定贈与者の直系卑属である推定相続人又は孫であること

（※）1　租税特別措置法第70条の6の8（（個人の事業用資産についての贈与税の納税猶予及び免除））の適用を受ける特例事業受贈者が同法第70条の2の7（（相続時精算課税適用者の特例））の適用を受ける場合には、「(1)の内容を証する書類」及び「その特例事業受贈者が特定贈与者からの贈与により租税特別措置法第70条の6の8第1項に規定する特例受贈事業用資産の取得をしたことを証する書類」となります。

2　租税特別措置法第70条の7の5（（非上場株式等についての贈与税の納税猶予及び免除の特例））の適用を受ける特例経営承継受贈者が同法第70条の2の8（（相続時精算課税適用者の特例））の適用を受ける場合には、「(1)の内容を証する書類」及び「その特例経営承継受贈者が特定贈与者からの贈与により租税特別措置法第70条の7の5第1項に規定する特例対象受贈非上場株式等の取得をしたことを証する書類」となります。

（注）この届出書の提出により、特定贈与者からの贈与については、特定贈与者に相続が開始するまで相続時精算課税の適用が継続されるとともに、その贈与を受ける財産の価額は、相続税の課税価格に加算されます（**この届出書による相続時精算課税の選択は撤回することができません。**）。

作成税理士		電話番号	

※	税務署整理欄	届出番号	－	名簿					確認	

※欄には記入しないでください。

○「相続時精算課税選択届出書」は、必要な添付書類とともに**申告書第一表及び第二表**と一緒に提出してください。

【「相続時精算課税選択届出書」の記載方法】

156〜157ページ参照。

4　申告書に添付する主な書類

（1）暦年課税を選択する場合

① 　受贈者（陵介）の戸籍の謄本又は抄本（年齢と真との親子関係を確認するため）

（2）相続時精算課税を選択する場合

① 　受贈者（陵介）の戸籍の謄本又は抄本（年齢と真との親子関係を確認するため）

② 　贈与者（真）の戸籍の謄本又は抄本（年齢と陵介との親子関係を確認するため）

（3）不動産の評価に関する資料

- 土地及び土地の上に存する権利の評価明細書
- 固定資産税の納税通知書や評価証明書
- 路線価図
- 住宅地図
- 公図
- 地積測量図
- 登記事項証明書（贈与による所有権移転後のもの）
- 賃貸借契約書の写し（賃貸用であることを確認するため）　など

5　贈与税以外にかかる税金

　不動産の贈与があった場合には、贈与税以外にも贈与を受けた人にいくつかの税金（国税・地方税）がかかります。本事例では陵介に課税されます。

（1）所得税（税務署へ納める税金）・住民税（市区町村へ納める税金）

　本事例では、陵介は一戸建ての貸家を贈与で引き継ぎ、不動産賃貸業を新たに開始することになるため、所轄税務署に対して主に下記の書類を提出する必要があります。

① 　所得税の青色申告承認申請書（青色申告をする場合）

　※ 　原則として、不動産賃貸業開始後2か月以内

　陵介には本年分から不動産所得が新たに発生するので、翌年の2月16日から3月15日までの期間に所轄税務署に対して所得税の確定申告の手続を行う必要があります。

　なお、一戸建ての貸家のみの場合、不動産所得は事業的規模（一般的に貸家5件以上、アパート10室以上）に該当しないため、「個人事業の開業・廃業等届出書（いわゆる開業届）」の提出はありません。

（２）登録免許税（法務局へ納める税金）

所有権移転時に発生します。

所有権移転登記を行う際に納める税金で、原則は次の金額です。

土地：固定資産税評価額×2.0％

建物：固定資産税評価額×2.0％

（３）不動産取得税（都道府県へ納める税金）

所有権移転登記が完了した後、数か月後に都道府県から納税通知書が送付されてきます。

不動産を取得し、その不動産の名義が変わった場合に新たな所有者が納める税金で、原則は次の金額です。

土地：課税標準（固定資産税評価額を基に計算）×３％

建物：課税標準（固定資産税評価額を基に計算）×４％

（４）固定資産税・都市計画税（市町村・都税事務所へ納める税金）

その年の１月１日時点の所有者に対して、毎年発生します。

基本的に毎年４月から６月頃に市町村役場や都税事務所から納税通知書が送付されて納付する税金で、原則は次の金額です。

土地：課税標準（固定資産税評価額を基に計算）×1.7％

建物：課税標準（固定資産税評価額を基に計算）×1.7％

※　固定資産税評価額は1.4％、都市計画税は0.3％です。都市計画税がない地域もあります。

ケース6

親から上場株式を贈与された場合

　会社員の山田慎太郎（41歳）は、今年9月10日に父の山田正一（74歳）から、上場会社 A 社の株式を1,000株贈与してもらいました。

• 証券会社に依頼して、贈与による株式の移管手続は完了しています。
• 証券会社より提示された株式の評価額の資料は下記のとおりです。

前々月（7月）最終価格平均額	前月（8月）最終価格平均額	当月（9月）最終価格平均額	贈与日（9/10）最終価格	評価額
3,100円	3,600円	4,000円	3,500円	3,100円

1　相続税評価額の計算と申告方式の選択

（1）上場株式の相続税評価額の計算

　具体的には「上場株式の評価明細書」に所定の事項を記載していくことで、上場株式の相続税評価額を計算します。

　この「上場株式の評価明細書」は国税庁のホームページに公表されていますので、必要枚数を印刷したうえで記入していきます。

　まずは、証券会社に依頼して、上場株式の贈与日時点の相続税評価額を確認できる資料を入手しましょう。インターネットで株価情報を掲載したサイトを確認することで、評価額を調べることもできます。

　本事例では、証券会社から資料の提示を受けられたので、1株あたりの評価額は3,100円と確認できました。よって、贈与財産の相続税評価額は310万円となります。

（2）暦年課税と相続時精算課税の選択

　慎太郎の場合は、上場株式を贈与で受け取っていますが、贈与税の納税は現金で行うことになります。そのため、原則的な暦年課税を選択すると、慎太郎は20万円の現金を用意する必要があります。

　ただ、慎太郎の場合は、下記の条件を満たしているため、相続時精算課税による申告を行えば、贈与税の負担はありません。

• 父である正一からの贈与であること。
• 慎太郎（41歳）が18歳以上であること、正一（74歳）が60歳以上のため、税務上の対象年齢を満たしていること。

　一般的に相続時精算課税を選択した場合、贈与税を大幅に減らすことができますが、将来、贈与者が亡くなった際には、生前に贈与を受けていた贈与財産と相続財産を合計して相続税を計算して、すでに納めた贈与税を控除することとなります。

　また、一度、相続時精算課税を選択すると、対象者との贈与において暦年課税に変更することができなくなります。そのため、将来の相続税負担や他の相続人との関係性等を考慮して総合的に判断する必要があります。

　なお、暦年課税と相続時精算課税の詳しい内容については、119〜130ページを参照してください。

2　上場株式の評価明細書の記載例

上 場 株 式 の 評 価 明 細 書

| 銘　　柄 | 取引所等の名称 | 課税時期の最終価格 | | 最終価格の月平均額 | | | 評価額 (①の金額又は①から④までのうち最も低い金額) | 増資による権利落等の修正計算その他の参考事項 |
		月　日	①価額	②課税時期の属する月 9　月	③課税時期の属する月の前月 8　月	④課税時期の属する月の前々月 7　月		
A社	東P	9.10	円 3,500	円 4,000	円 3,600	円 3,100	円 3,100	

記載方法等

1　「取引所等の名称」欄には、課税時期の最終価格等について採用した金融商品取引所名及び市場名を記載します（例えば、東京証券取引所のプライム市場の場合は「東P」、名古屋証券取引所のメイン市場の場合は「名M」など）。

2　「課税時期の最終価格」の「月日」欄には、課税時期を記載します。ただし、課税時期に取引がない場合等には、課税時期の最終価格として採用した最終価格についての取引月日を記載します。

3　「最終価格の月平均額」の「②」欄、「③」欄及び「④」欄には、それぞれの月の最終価格の月平均額を記載します。ただし、最終価格の月平均額について増資による権利落等の修正計算を必要とする場合には、修正計算後の最終価格の月平均額を記載するとともに、修正計算前の最終価格の月平均額をかっこ書きします。

4　「評価額」欄には、負担付贈与又は個人間の対価を伴う取引により取得した場合には、「①」欄の金額を、その他の場合には、「①」欄から「④」欄までのうち最も低い金額を記載します。

5　各欄の金額は、各欄の表示単位未満の端数を切り捨てます。

3　申告書の記載例

（1）暦年課税の場合

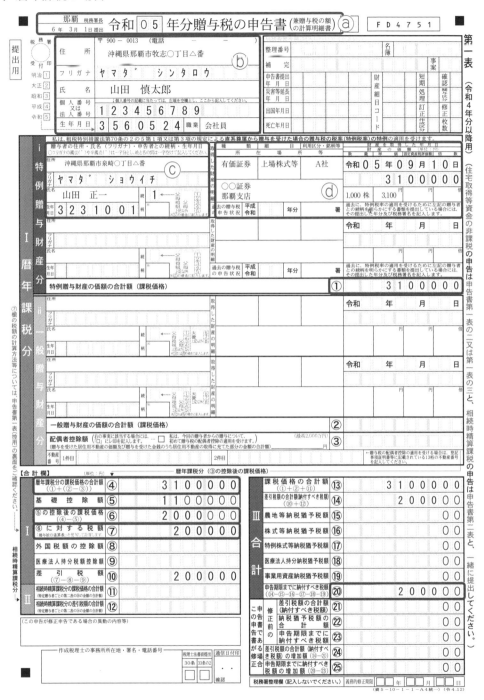

【「第一表　贈与税の申告書」の記載方法】

ⓐ　提出先の税務署（受贈者の住所地の所轄税務署）、提出日、提出年分を記入します。

ⓑ　受贈者の氏名、住所、マイナンバー（個人番号）、生年月日、職業を記入します。

ⓒ　贈与者の氏名、生年月日、住所、受贈者からみた贈与者の続柄を記入します。

ⓓ　贈与により取得した財産の種類、所在地、価額などを記入します。

①欄　特例贈与財産の価額の合計額を記入します。

④欄　暦年課税の対象になる贈与財産の価額の合計額（課税価格）を記入します。

⑥欄　④の課税価格から基礎控除額110万円を引いた金額を記入します。

⑦欄　⑥の課税価格に対する税額を記入します。

⑳欄　申告期限までに納付すべき税額を記入します。

　※　その他の欄は、様式の記載に従って計算した結果を記入していきます。

（2）相続時精算課税の場合

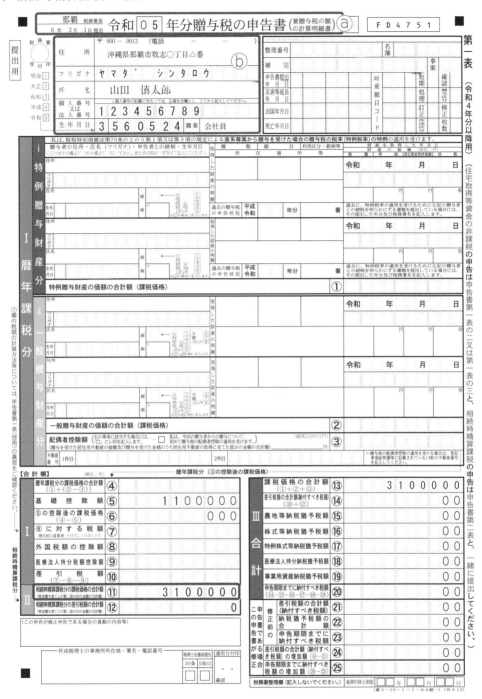

【「第一表　贈与税の申告書」の記載方法】

152〜153ページ参照。

212

令和 05 年分贈与税の申告書（相続時精算課税の計算明細書）

ⓐ　　　　　受贈者の氏名　山田　慎太郎

第二表（令和4年分以降用）（第二表は、必要な添付書類とともに申告書第一表と一緒に提出してください。）

提出用

次の特例の適用を受ける場合には、□の中にレ印を記入してください。

□ 私は、租税特別措置法第70条の3第1項の規定による相続時精算課税選択の特例の適用を受けます。

（単位：円）

特定贈与者の住所・氏名（フリガナ）・申告者との続柄・生年月日		種　類	細　目	利用区分・銘柄等	財産を取得した年月日			
		所　在　場　所　等			数　量	単　価	固定資産税評価額	倍　数
住所　沖縄県那覇市泉崎○丁目△番　ⓑ		有価証券	上場株式等	A社	令和 05 年 09 月 10 日			
							3 1 0 0 0 0 0	
		○○証券　那覇支店　ⓒ			1,000 株	3,100	円	円　倍
フリガナ　ヤマダ　ショウイチ　氏名　山田　正一					令和　　年　　月　　日			
								円　倍
続柄　1　父1・母2・祖父3　祖母4・1〜4以外5					令和　　年　　月　　日			
生年月日　3　2 3 1 0 0 1　明治1・大正2・昭和3・平成4							円	円　倍

財産の価額の合計額（課税価格）	㉖	3 1 0 0 0 0 0
特別控除額の計算	過去の年分の申告において控除した特別控除額の合計額（最高2,500万円）	㉗	
	特別控除の残額（2,500万円−㉗）	㉘	2 5 0 0 0 0 0 0
	特別控除額（㉖の金額と㉘の金額のいずれか低い金額）	㉙	3 1 0 0 0 0 0
	翌年以降に繰り越される特別控除額（2,500万円−㉗−㉙）	㉚	2 1 9 0 0 0 0 0
税額の計算	㉙の控除後の課税価格（㉖−㉙）【1,000円未満切捨て】	㉛	0 0 0
	㉛に対する税額（㉛×20％）	㉜	0 0
	外国税額の控除額（外国にある財産の贈与を受けた場合で、外国の贈与税を課せられたときに記入します。）	㉝	
	差引税額（㉜−㉝）	㉞	0

上記の特定贈与者からの贈与により取得した財産に係る過去の相続時精算課税分の贈与税の申告状況	申告した税務署名	控除を受けた年分	受贈者の住所及び氏名（「相続時精算課税選択届出書」に記載した住所・氏名と異なる場合にのみ記入します。）
	署	平成・令和　　年分	
	署	平成・令和　　年分	
	署	平成・令和　　年分	
	署	平成・令和　　年分	

（注）上記の欄に記入しきれないときは、適宜の用紙に記載し提出してください。

◎ 上記に記載された特定贈与者からの贈与について初めて相続時精算課税の適用を受ける場合には、申告書第一表及び第二表と一緒に「相続時精算課税選択届出書」を必ず提出してください。なお、同じ特定贈与者から翌年以降財産の贈与を受けた場合には、「相続時精算課税選択届出書」を改めて提出する必要はありません。

＊	税務署整理欄	整理番号		名簿		届出番号	−
		財産細目コード		確認			

＊欄には記入しないでください。

（資5−10−2−1−A4統一）（令4.12）

【「第二表　贈与税の申告書（相続時精算課税の計算明細書）」の記載方法】

154〜155ページ参照。

相　続　時　精　算　課　税　選　択　届　出　書

（令和2年分以降用）

税務署受付印 ⓐ

令和 6 年 3 月 1 日

＿＿那覇＿＿税務署長

○「相続時精算課税選択届出書」は、必要な添付書類とともに**申告書第一表及び第二表**と一緒に提出してください。

受贈者	住　所又は居　所	〒 900 − 0013　電話（　　−　　−　　）沖縄県那覇市牧志○丁目△番 ⓑ
	フリガナ	ヤマダ　シンタロウ
	氏　名（生年月日）	山田　慎太郎（大・㊼・平　56 年 5 月 24 日）
	特定贈与者との続柄	子

　私は、下記の特定贈与者から令和＿5＿年中に贈与を受けた財産については、相続税法第21条の9第1項の規定の適用を受けることとしましたので、下記の書類を添えて届け出ます。

記

ⓒ

1　特定贈与者に関する事項

住　所又は居所	沖縄県那覇市泉崎○丁目△番
フリガナ	ヤマダ　ショウイチ
氏　名	山田　正一
生年月日	明・大・㊼・平　23 年 10 月 1 日

2　年の途中で特定贈与者の推定相続人又は孫となった場合

推定相続人又は孫となった理由	
推定相続人又は孫となった年月日	令和　　年　　月　　日

（注）孫が年の途中で特定贈与者の推定相続人となった場合で、推定相続人となった時前の特定贈与者からの贈与について相続時精算課税の適用を受けるときには、記入は要しません。

3　添付書類

次の書類が必要となります。

なお、贈与を受けた日以後に作成されたものを提出してください。

（書類の添付がなされているか確認の上、□に✔印を記入してください。）

ⓓ

☑　**受贈者や特定贈与者の戸籍の謄本又は抄本**その他の書類で、次の内容を証する書類

（1）　受贈者の氏名、生年月日

（2）　受贈者が特定贈与者の直系卑属である推定相続人又は孫であること

（※）1　租税特別措置法第70条の6の8（（個人の事業用資産についての贈与税の納税猶予及び免除））の適用を受ける特例事業受贈者が同法第70条の2の7（（相続時精算課税適用者の特例））の適用を受ける場合には、「(1)の内容を証する書類」及び「その特例事業受贈者が特定贈与者からの贈与により租税特別措置法第70条の6の8第1項に規定する特例受贈事業用資産の取得をしたことを証する書類」となります。

　　2　租税特別措置法第70条の7の5（（非上場株式等についての贈与税の納税猶予及び免除の特例））の適用を受ける特例経営承継受贈者が同法第70条の2の8（（相続時精算課税適用者の特例））の適用を受ける場合には、「(1)の内容を証する書類」及び「その特例経営承継受贈者が特定贈与者からの贈与により租税特別措置法第70条の7の5第1項に規定する特例対象受贈非上場株式等の取得をしたことを証する書類」となります。

（注）この届出書の提出により、特定贈与者からの贈与については、特定贈与者に相続が開始するまで相続時精算課税の適用が継続されるとともに、その贈与を受ける財産の価額は、相続税の課税価格に加算されます（**この届出書による相続時精算課税の選択は撤回することができません。**）。

作成税理士		電話番号	

※	税務署整理欄	届 出 番 号	−	名　簿					確認

※欄には記入しないでください。

（資5−42−A4統一）（令4.12）

【「相続時精算課税選択届出書」の記載方法】

156〜157ページ参照。

4　申告書に添付する主な書類

（1）暦年課税を選択する場合

①　受贈者（慎太郎）の戸籍の謄本又は抄本（年齢と正一との親子関係を確認するため）

（2）相続時精算課税を選択する場合

①　受贈者（慎太郎）の戸籍の謄本又は抄本（年齢と正一との親子関係を確認するため）

②　贈与者（正一）の戸籍の謄本又は抄本（年齢と慎太郎との親子関係を確認するため）

（3）上場株式の評価に関する資料

①　上場株式の評価明細書

【参考】路線価図の見方と土地評価の注意点

　土地を贈与や相続で取得した場合、多くのケースでは路線価を用いて評価します。路線価は道路ごとにつけられた値段のことで、道路に面している土地の1㎡当たりの価額を表します。毎年1月1日時点の路線価が7月上旬に国税庁ホームページで発表されます。

　図1で「280D」と記載されているのは、1㎡当たりの路線価が280,000円で、借地権割合が60%であることを示しています。

図1：路線価図の見方

　実際の路線価図は、次のようになります。

図2：実際の路線価図

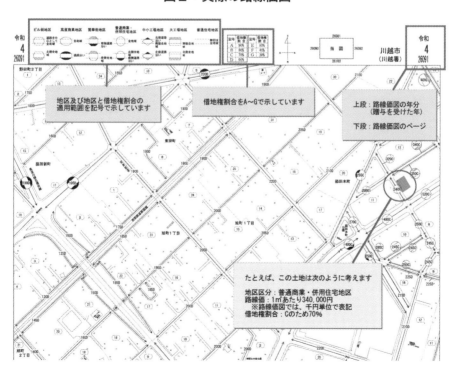

　ケース２・４・５の事例の土地は、正面路線だけに接する整った四角形という設定でした。このため、単純に地積に路線価を乗じることで評価額は求めることができました。

　しかし、現実にはそのような整形地は稀であり、何かしらのマイナスの要因（ときにプラス要因）を抱えている土地が大半です。例えば、四角く整った形をしていない土地（不整形地）や傾斜のある土地などは、利用価値が低いと考えられ、評価額は下がります。

　こうした土地を、納税者が自分で評価するのは現実的ではありません。評価額を引き下げるポイントを見過ごした場合、贈与税が多くかかる要因にもなります。土地評価に精通した税理士や不動産鑑定士などの専門家に相談することを推奨します。

図３：評価額が減額する可能性が高い土地

Part IV

申告書の提出と納税

申告書の提出

1 申告書の提出先・提出期限

　贈与税の申告書は、贈与を受けた年の翌年の2月1日から3月15日までに、贈与を受けた方の住所地を管轄する税務署に提出しなければなりません。

　申告書の提出方法には、e-Tax（電子申告）で提出する方法、税務署の受付窓口へ申告書を提出する方法、税務署へ申告書を郵送する方法があります。

　e-Tax（電子申告）を利用せず、申告書を提出する場合は、申告書の控えの準備が必要です。申告書の控えに、税務署の収受日付印を押印してもらい、大切に保存しましょう。

　なお、誤って申告し忘れた場合や故意に申告しなかった場合には、納税額に加えて加算税を支払うことになるので、申告期限には十分注意しましょう。

〈ポイント〉特例を適用する場合は申告期限に注意

　相続時精算課税制度を選択する場合、住宅取得等資金の贈与の非課税特例を適用する場合は、申告書を期限内に提出する必要があります。何らかの理由により期限後申告になる場合は、これらの特例が使えなくなるため、注意しましょう。

2 添付書類（法令上提出する必要があるもの）

　必要な添付書類は申告内容により異なるため、以下では主なケースを紹介します。

　実際の申告にあたっては、国税庁ホームページなどを確認して、必要な添付書類に漏れがないようにしましょう。

（1）本人確認書類

　贈与税の申告書を提出する際には、申告書へ財産の贈与を受けた方のマイナンバーの記載が必要です。

　そして、税務署での本人確認（番号確認と身元確認）のため、下記、本人確認書類の提示または写しの添付が必要となります。なお、e-Tax（電子申告）を利用する場合は、本人確認書類を別途送付する必要はありません。

① マイナンバーカードを持っている場合
　マイナンバーカードの写し（添付する場合は、表面及び裏面の写し）

② マイナンバーカードを持っていない場合
　番号確認書類及び身元確認書類

番号確認書類
・通知カード（通知カードに記載された氏名、住所などが住民票の記載内容と一致している場合に限ります。） ・住民票の写しまたは住民票記載事項証明書（マイナンバーの記載があるものに限ります。） 　　　　　　　　　　　　　　　　　　　　　　　などのうち、いずれか1つ

＋

身元確認書類		
・運転免許証	・公的医療保険の被保険者証	・パスポート
・身体障害者手帳	・在留カード	
		などのうち、いずれか1つ

（2）直系尊属から暦年課税の対象となる贈与を受け、特例税率が適用される場合
・受贈者の戸籍の謄本または抄本
　（※）年間の贈与金額が410万円を超えるような場合に提出が必要です。
　（※）同じ贈与者からの贈与については、毎年、戸籍を再提出する必要はありません。

（3）相続時精算課税を選択する場合
・相続時精算課税選択届出書
・受贈者や特定贈与者の戸籍の謄本または抄本（贈与を受けた日以後に作成されたものに限ります。）

（4）贈与税の配偶者控除の特例を受ける場合
・受贈者の戸籍の謄本または抄本（贈与を受けた日から10日を経過した日以後に作

成されたものに限ります。）

・受贈者の戸籍の附票の写し（贈与を受けた日から10日を経過した日以後に作成された ものに限ります。）

・登記事項証明書など受贈者がその居住用不動産を取得したことを証する書類

（5）住宅取得等資金の贈与の非課税特例を受ける場合

・受贈者の戸籍の謄本または抄本

・給与所得の源泉徴収票などその年分の合計所得金額を明らかにする書類
　（※）所得税の確定申告をする場合は不要

・取得、新築、増築した家屋やその敷地の登記事項証明書

・取得、新築、増築した家屋やその敷地の売買契約書や建築請負契約書の写し

・贈与を受けた年の翌年３月15日までに居住できない場合は、直ちに居住すること ができない事情などを記載した書類

・省エネ等住宅の場合は、住宅性能証明書など

③ 添付書類（税務署が提出をお願いしているもの）

　法令上、提出は義務付けられていませんが、贈与財産の評価額を確認するため、評価額の根拠書類を一緒に提出することが求められています。例えば、不動産（土地）を贈与してもらった場合は、以下のような書類も一緒に提出することが望まれます。

　　・土地及び土地の上に存する権利の評価明細書

　　・固定資産税評価証明書

　　・路線価図

　　・住宅地図

　　・地積測量図

　　・登記事項証明書（贈与による所有権移転後のもの）　　など

【参考】贈与税申告にあたってのチェックシート

　国税庁ホームページには、確定申告時期に、贈与税の各種特例の適用可否の確認や、特例を申告する際の添付書類を確認できるチェックシートが掲載されます。各国税局により、掲載時期やチェックシートの内容は異なりますが、特例の適用要件や添付書類の確認に役立つでしょう。なお、法令上、提出は義務付けられていませんが、チェックシートを申告書と一緒に提出することが求められています。

　贈与税の申告を行う際は、こうしたチェックシートを活用するなどして、手続を進めるようにしましょう。

○チェックシートの例「贈与税の配偶者控除の特例」

令和4年分　贈与税の配偶者控除の特例のチェックシート

② 納税手続

1　納付期限

　贈与税の納付は、贈与を受けた年の翌年2月1日から3月15日までに、金銭で納付することになっています。申告書の提出後に税務署から納付書が郵送されることや納付方法の案内が届くことはありませんので、申告書の提出と一緒に、納付手続も行わなければなりません。

　申告期限内に申告書を提出した場合でも、税金を納付期限までに納めなかったときは延滞税がかかるため、ご注意ください。

2　納付手続

　納付手続は、次の複数の方法から、ご自身で選択してください。

（1）現金納付

① 金融機関または所轄の税務署での納付

　金融機関または所轄の税務署の納税窓口で、納付書により現金納付する方法です。

【記載例】

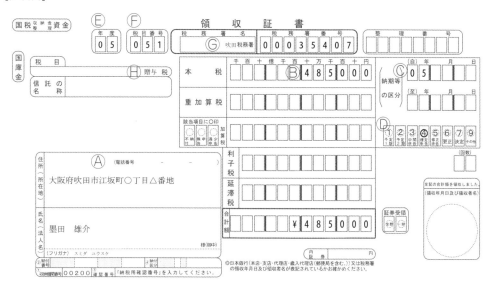

Ⓐ　贈与を受けた方の住所・氏名を記載します。

Ⓑ　第1表の申告納税額を記載します。

Ⓒ　贈与があった年を記載します。

Ⓓ　該当する申告区分（期限内申告の場合は4）に〇をします。

Ⓔ　贈与税を納付する年度（税務署の年度は4月1日〜翌年3月31日）を記載します。

　　期限内申告の場合は、ⒸとⒺは一致します。

Ⓕ　贈与税の税目番号「051」を記載します。

Ⓖ　申告書を提出する税務署名を記載します。

Ⓗ　税目を「贈与」と記載します。

② コンビニエンスストアでの納付（納付額が30万円以下の場合に限ります。）

　パソコン等でQRコードを作成・出力して、コンビニエンスストアの専用端末を操作して、レジで現金納付する方法です。

　利用可能額が30万円以下である点、利用可能なコンビニエンスストア[※]が限られている点にご注意ください。

224

国税をコンビニエンスストアで納付する際に、
ご利用いただくQRコードです。

| Loppi用 |  | | マルチコピー機用 |

利用可能店舗
（Loppi設置店舗のみ）

・ローソン
・ナチュラルローソン
・ミニストップ

利用可能店舗
（マルチコピー機設置店舗のみ）

・ファミリーマート

この書面に印刷されたQRコードをコンビニエンスストアの端末で読み取り、端末から
出力されるバーコードをレジ（窓口）にお持ちいただき、現金で納付してください（この
QRコードをレジに直接お持ちいただいても、納付はできませんのでご注意ください）。

❶ ➡ ❷ ➡ ❸

この書面をコンビニに持って行き　　QRコードを端末で読み取り　　出力されたバーコードをレジへ

～Loppiのご利用方法～
① 「Loppi専用コードをお持ちの方」を選択
② QRコードを端末で読取
③ 表示された納税情報確認画面を確認後、
　「〇　了解」を選択
→バーコードが出力されます。

～マルチコピー機のご利用方法～
① 「国税の納付」を選択
② QRコードを端末で読取
③ 表示された納税情報確認画面を確認後、
　「OK」を選択
→バーコードが出力されます。

※　QRコードによるコンビニ納付は、国税庁長官が指定した納付受託者（コンビニエンスストア）へ納付を委託することにより国税を納付する手続です。

-------------- キ　リ　ト　リ　線 --------------

〇　QRコードには以下の情報が含まれていますので、誤りがないことを確認ください。
　なお、コンビニ納付する際には使用しませんので、キリトリ線から上を切り離し、コンビニエンスストアに持参することをお勧めします。

納付先税務署　：　吹田税務署
整理番号　：
住所（所在地）：　大阪府吹田市江坂町×丁目△番地
氏名（名称）：　墨田　雄介
納付税目：　贈与税
課税期間：　令和5年分
申告区分：　確定申告
納税額内訳：本　税　50,000円、　重加算税　　　　円、　　　加算税　　　円、
　　　　　　利子税　　　　円、　延滞税　　　　円
納税額合計：　　　　　50,000円

（注）QRコードは、株式会社デンソーウェーブの登録商標です。

（※）2023年5月現在、国税庁ホームページでは下記コンビニエンスストアが利用可能とされています。
① ローソン、ナチュラルローソン、ミニストップ（「Loppi」端末設置店舗のみ）
② ファミリーマート（「マルチコピー機」端末設置店舗のみ）」

（2）キャッシュレス納付

① ダイレクト納付

　e-Tax により申告書を提出した後、預貯金口座から、即時または指定した期日に、口座引落しにより電子納付する方法です。事前に税務署へ e-Tax（電子申告）の利用開始手続を行った上、専用の届出書を提出する必要があります。

② インターネットバンキング等

　インターネットバンキングやペイジー対応の金融機関の ATM 等を利用して電子納付する方法です。事前に税務署へ e-Tax の利用開始手続を行う必要があります。

③ クレジットカード納付

　インターネットを利用して「国税クレジットカードお支払サイト」から納付する方法です。納付税額に応じた決済手数料がかかる点、クレジットカードの決済可能額以下の金額しか納付できない点にご注意ください。

④ スマホアプリ納付

　スマートフォン決済専用の Web サイト（国税スマートフォン決済専用サイト）から、納税者が利用可能な Pay 払い（〇〇ペイ）(※)を選択して納付する方法です。

　一度の納付での利用可能額が30万円以下である点、利用する Pay 払いの利用可能額以下の金額しか納付できない点、事前に残高へのチャージが必要な点にご注意ください。

　(※) 2023年5月現在、国税庁ホームページでは下記の Pay 払いが利用可能とされています。
　　　「PayPay」「d 払い」「au PAY」「LINE Pay」「メルペイ」「Amazon Pay」

Part V

参考資料

（財務省パンフレット「令和5年度税制改正」一部抜粋）

資産課税

資産移転の時期の選択により中立的な税制の構築等

■相続時精算課税制度について、暦年課税の基礎控除とは別途、110万円の基礎控除を創設するとともに、相続時精算課税で贈与を受けた土地・建物が災害により一定以上の被害を受けた場合に相続時にその課税価格を再計算する見直しを行います。

■暦年課税において贈与を受けた財産を相続財産に加算する期間を相続開始前3年間から7年間に延長し、延長した4年間に受けた贈与のうち総額100万円までは相続財産に加算しない見直しを行います。

※上記見直しは、令和6年1月1日以後に受けた贈与について適用されます。

<贈与税と相続税の関係>

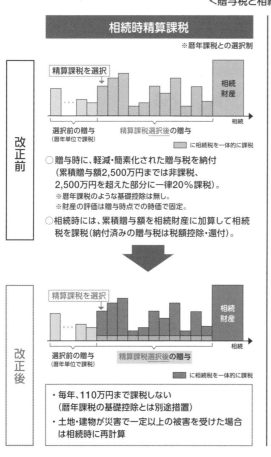

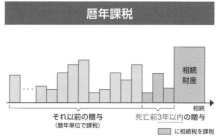

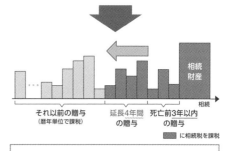

■教育資金の一括贈与に係る贈与税の非課税措置について、節税的な利用につながらないよう所要の見直しを行った上で、適用期限を3年延長します。

■結婚・子育て資金の一括贈与に係る贈与税の非課税措置について、節税的な利用につながらないよう所要の見直しを行った上で、適用期限を2年延長します。

コラム①（改正の背景について）

○贈与税は、相続税の累進回避を防止する観点から、相続税よりも高い税率構造となっています。

○実際、相続税がかからない方や相続税がかかる方であってもその多くの方にとっては、相続税の税率よりも贈与税の税率の方が高いため、若年層への資産移転が進みにくくなっています。

○他方、相続税がかかる方の中でも相続財産の多いごく一部の方にとっては、相続税の税率よりも贈与税の税率の方が低いため、財産を分割して贈与する場合、相続税よりも低い税率が適用されます。

⇒生前贈与でも相続でもニーズに即した資産移転が行われるよう、相続・贈与に係る税負担を一定にしていくため、「資産移転の時期の選択により中立的な税制」を構築していく必要があります。

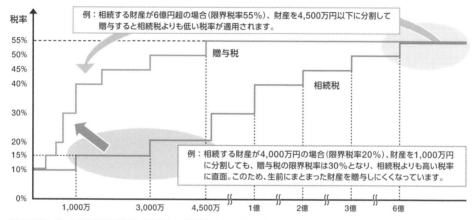

〈備考〉横軸において、贈与税は「課税価格（取得財産－基礎控除額）」を、相続税は「各法定相続人の法定相続分相当額（課税遺産総額を法定相続分で按分した額）」を指します。

コラム②（相続時精算課税制度について）

○次世代への早期の資産移転及びその有効活用を通じた経済社会の活性化の観点から、平成15年度に導入されました。

○暦年課税との選択制です。

《計算例》3,000万円生前贈与し、1,500万円を遺産として残す場合（法定相続人が配偶者と子2人の場合）

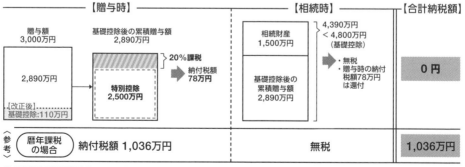

(注1)相続時精算課税を選択できる場合　贈与者：60歳以上の者　受贈者：18歳以上の推定相続人及び孫
(注2)相続時精算課税を選択した場合、その特定贈与者からの贈与について、暦年課税の基礎控除（毎年110万円）の適用は受けられない。

【法人紹介】
OAG 税理士法人（OAG グループ）

OAG グループは、税理士、公認会計士、弁護士、司法書士、社会保険労務士、行政書士など、総数400名超の専門家により構成されており、組織規模を活かしたワンストップでスピーディーな課題解決を可能としています。

■相続・贈与サービスの強み

① **相続税申告実績**

累計9,500件以上、年間実績1,200件以上の相続税申告件数

② **国内7拠点、グループ400人超規模の組織力**

相続専門税理士、国税 OB 税理士が多数在籍／士業関連の有資格者150名超

③ **ワンストップ対応**

相続税申告、相続税対策（遺言、贈与、資産組換等）、セカンドオピニオン、遺産整理、登記、不動産売買、弁護士対応などグループでトータルサポート

④ **創業35年以上の実績**

信頼の実績、常に成長を目指し活動を展開中

⑤ **ノウハウ・豊富な経験**

相続関連の専門書多数発行

■ OAG グループ

株式会社 OAG ／ OAG 税理士法人／ OAG 弁護士法人／ OAG 監査法人／ OAG 行政書士法人／ OAG 社会保険労務士法人／ OAG 司法書士法人／株式会社 OAG コンサルティング／株式会社 OAG アウトソーシング／株式会社 OAG ビジコム／株式会社 FOODOAG ／株式会社 OAG ライフサポート／株式会社 OAG IT マネジメントパートナー／株式会社 OAG 相続コンシェルジュ

■アセットキャンパス OAG

（本書の一部イラストは「アセットキャンパス OAG」サイトのイラストを利用しました）

【監　修】
渡邉　正則（わたなべ　まさのり）

　昭和58年東京国税局入局。同局税務相談室、同課税第一部調査部門（地価税担当）等の主に資産課税に係る審理事務に従事した後退職。平成9年8月税理士登録、中小企業診断士、CFP®、青山学院大学大学院（会計研究科）客員教授、全国事業再生税理士ネットワーク幹事、OAG税理士法人顧問。

　主な著書：平成16～令和5年度『税制改正早わかり』、『判断に迷う財産評価』（共著・人蔵財務協会）、『不動産・非上場株式の税務上の時価の考え方と実務への応用』『あなたのための相続税対策』『Q&A遺言・遺産分割の形態と課税関係』『オーナー社長のための税金と事業承継対策』『地積規模の大きな宅地の評価のポイント』（大蔵財務協会）等。

【執　筆】
藤嵜　聡史（ふじさき　さとし）

　平成25年　税理士登録、平成28年　OAG税理士法人大阪入所。

　タックスアドバイザリー部に所属し、主に不動産売却を中心とした税務申告業務、不動産会社向けの研修会講師に従事。不動産に関連する贈与の相談にも数多く対応している。

　主な著書：『Q&A相続実務全書［改正相続法・納税猶予対応版］』（共著・ぎょうせい）

加地　一樹（かじ　かずき）

　令和2年　OAG税理士法人大阪入所、税理士登録。

　タックスアドバイザリー部に所属し、法人及び個人の税務申告業務、相続対策・事業承継などのコンサルティング業務に従事している。

　主な著書：『事業承継の相談事例と実務の最適解』（共著・日本法令）

新庄　百恵（しんじょう　ももえ）

　平成21年　税理士登録、平成24年　OAG税理士法人調布（現：OAG税理士法人東京ウエスト）入所。

　主に不動産税務、相続を中心とした業務に従事し、相続税申告、相続対策、贈与、不動産譲渡申告等を数多く手掛ける。特に都市農家の相続を得意とし、相続対策・事業承継・資産活用などをテーマとしたセミナー、相談会も数多くこなしている。

　主な著書：『相続　手続・申告シンプルガイド』（共著・大蔵財務協会）、『事業承継の相談事例と実務の最適解』（共著・日本法令）

お互いの想いが通じる贈与のために！

贈与 手続・申告 シンプルガイド

令和 5 年 7 月19日　初版印刷
令和 5 年 8 月10日　初版発行

不 許
複 製

編 著　ＯＡＧ税理士法人

（一財）大蔵財務協会 理事長
発行者　木 村 幸 俊

発行所　一般財団法人 大 蔵 財 務 協 会
〔郵便番号　130-8585〕
東京都墨田区東駒形 1 丁目 14 番 1 号
（販　売　部）TEL 03（3829）4141・FAX 03（3829）4001
（出版編集部）TEL 03（3829）4142・FAX 03（3829）4005
https://www.zaikyo.or.jp

乱丁、落丁の場合は、お取替えいたします。　　　印刷・株式会社フォレスト

ISBN978-4-7547-3141-0